Cozinha a dois

Cozinhar, comer e AMAR

Cozinha a dois

Cozinhar, comer e **AMAR**

V&R Editoras

Edição: Marcia Alves
Assistente editorial: Natália Chagas Máximo
Tradução: Janaína Marcoantonio e Mariana Marcoantonio
Preparação: Luciane Gomide
Revisão: Bia Nunes de Sousa
Design e fotografias © Ryland Peters & Small 2014
Diagramação: Ana Solt

Título original: *The Couple's Kitchen: A newlyweds cookbook*

Rua Cel. Lisboa, 989 | Vila Mariana
CEP 04020-041 | São Paulo | SP
Tel.| Fax: (+55 11) 4612-2866
editoras@vreditoras.com.br

ISBN 978-85-7683-794-7

Impresso na China • Printed in China

Dados Internacionais de Catalogação na Publicação (CIP)
(Câmara Brasileira do Livro, SP, Brasil)

Cozinha a dois : Cozinhar, comer e AMAR. – São Paulo, SP : Vergara & Riba Editoras, 2015.

Título original: *The couple's kitchen : a newlyweds cookbook.*

ISBN 978-85-7683-794-7

1. Culinária 2. Receitas.
14-11258 CDD-641.5

Índices para catálogo sistemático:
1. Receitas : Culinária : Economia doméstica 641.5

Sumário

Introdução

Um dos prazeres de começar a vida a dois é curtir o tempo juntos em casa preparando uma boa refeição para vocês e seus convidados. De *brunches* demorados e preguiçosos e jantares íntimos até ceias espontâneas e recepções animadas para a família, neste livro vocês encontrarão a inspiração necessária para preparar refeições deliciosas em casa.

Em "Café da manhã e brunch", oferecemos receitas descontraídas para começar o dia, como Panqueca de mirtilo e Ovos Benedict. Já "Sopas e petiscos" são perfeitos para almoços leves ou entradas – experimente a Sopa de feijão-branco e linguiça defumada, Blini com salmão defumado e creme azedo ou Folhado de panceta e erva-doce. Há uma ótima seleção de "Saladas e acompanhamentos", com uma elegante Salada de vagem francesa com trufa e os clássicos Vegetais e Batata assados, perfeitos para combinar com qualquer prato substancioso. Em "Só para dois", vocês encontrarão menus para saborearem juntos. Rápidos de preparar e perfeitos para os jantares da semana, como Macarrão com pecorino, pimenta-do-reino e bochecha de porco. E por que não se revezar para escolher um menu mais impressionante para uma noite especial, como Linguado com erva-doce, azeitona e tomate?

Fim de semana com a família e os amigos? "Para alimentar um batalhão" traz a resposta, com pratos deliciosos como Macarrão de forno com salmão, manjericão e parmesão ou Chile texano tradicional. A seção "Sobremesas e queijos" está cheia de ideias para satisfazer quem tem uma queda por doces ou quem prefere terminar uma refeição com algo salgado. Escolha entre o delicioso Suflê gelado de limão, perfeito para recepções, ou divida um pedaço de Cheesecake de chocolate com *marshmallow*. Há mais surpresas deliciosas em "Receitas ao forno". Aprecie pães caseiros, assim como pratos doces, de bolinhos e *cupcakes* para o chá ou café a bolos maiores para festas de aniversário. "Festas e comemorações" apresenta seus próprios desafios culinários, e aqui vocês encontrarão receitas essenciais para a ceia de Natal ou o almoço de Páscoa, com todos os acompanhamentos. Por fim, em "Drinques" há uma seleção irresistível de coquetéis e ponches clássicos, ideais para recepções descontraídas ou para grandes comemorações.

Copa e despensa

Com uma despensa bem abastecida vocês poderão preparar uma refeição saborosa em instantes – de um simples macarrão a um risoto delicioso. Investir em alguns itens essenciais para a despensa também ajudará a gastar o mínimo com comida. Para ocasiões especiais, recorra a itens sofisticados para encontrar ingredientes que vão elevar seu cardápio a novos patamares.

Alimentos básicos
2-3 pacotes de massa de vários formatos
2-3 pacotes de arroz – basmati, jasmim, agulhinha, arbório/carnaroli
fermento em pó
açúcar mascavo, açúcar refinado, açúcar de confeiteiro
latas de tomate pelado
filé de anchova em conserva
grãos secos (lentilha, feijão, grão-de-bico)
leite de coco
café e chá
amido de milho
macarrão oriental de ovos ou de arroz
farinha de trigo comum, integral, com fermento
farinha de grão-de-bico

Óleos e vinagres
vinagre balsâmico
azeite extravirgem
azeite comum
vinagre de vinho branco e tinto
óleo de girassol

Molhos e condimentos
pimenta-do-reino em grãos
sal marinho grosso
mel
mostarda
molho de soja (claro e escuro)
molho inglês

Especiarias
pimenta calabresa
canela em pó e em pau
coentro desidratado
cominho em pó
cúrcuma em pó
páprica
noz-moscada inteira

Produtos frescos
pimentão
cenoura
aipo
alho
gengibre
ervas
laranja e limão (taiti e siciliano)
maçã e pera
cebola (branca e roxa)
batata
pimenta-verde e vermelha
tomate
folhas para salada
pepino

Na geladeira
cheddar
parmesão
cream cheese
ovo
leite
iogurte natural
manteiga sem sal

No freezer
frutas vermelhas variadas
ervilha congelada
cubos de gelo
massa para torta
sorvete de baunilha

Itens complementares
Alimentos básicos
cacau em pó
farinha de trigo especial
cuscuz de sêmola (couscous marroquino), triguilho, quinoa, polenta, aveia em flocos
farinha de amêndoa, lascas de amêndoa, pinhão
uva-passa (preta e branca)
cereja em calda

Óleos e vinagres
óleo de gergelim ou de nozes

Molhos e condimentos
conhaque
alcaparra
molho de raiz-forte
vinho xerez ou marsala
azeitona
vinho tinto
tomate e pimenta secos
molho de peixe tailandês
tamari
extrato de tomate
fava de baunilha

Delicatessen
chocolate amargo/meio amargo
funghi porcini
goji berry
água de flor de laranjeira
pistilo de açafrão
azeite de trufa

Itens essenciais para cozinhar

Equipar pouco a pouco sua cozinha com eletrodomésticos e utensílios para preparar refeições por muitos anos é uma parte divertida dos cuidados domésticos. Se vocês amam usar o forno, vale a pena ampliar seu arsenal de utensílios para assados, o que lhes permitirá preparar simples muffins ou pães caseiros em um piscar de olhos.

Café da manhã e brunch

liquidificador
cafeteira elétrica, cafeteira com êmbolo, máquina de expresso e/ou moedor de café
centrífuga tipo juicer
chaleira
torradeira

No armário

caçarola
escorredor
frigideira pequena
frigideira grande
chapa
bistequeira
panela de material não reativo (inox, vidro ou cerâmica)
panelas
peneira/coador
panela a vapor
wok

Para assar

assadeiras
pedra para forno
espátula pão duro
fôrma para *muffin/cupcake*
batedeira
processador de alimentos
mixer
balança
colheres e xícaras medidoras
ramequins
rolo de macarrão
fôrmas para bolo redondas e quadradas
conjunto de tigelas
fôrma com fundo removível
fôrma para suflê
grade aramada

Utensílios

pincel para cozinha
abridor de lata
saca-rolha
tesouras para cozinha
afiador de faca
concha
colher grande de metal
escumadeira de metal
espremedor de suco
batedor de metal
dosador de azeite
amassador de batata
pegador de salada
conjunto de facas afiadas
espetos de metal
espátula de silicone
pinças
descascador de legumes
colheres de madeira
ralador de queijo
tábua para churrasco
tábua de corte
pilão
pedra de pizza
secador de salada
moedores de sal e pimenta
termômetro
panos de prato
luvas para forno
timer

Itens essenciais para servir

Não faz muito tempo, possuir um aparelho de jantar sofisticado era essencial. Hoje, receber convidados é algo mais informal, e guardar porcelanas chinesas "para ocasiões especiais" parece uma ideia fora de moda. Agora que tendemos muito mais a ter amigos por perto para uma refeição descontraída na cozinha do que a servir uma refeição formal na sala de jantar, precisamos de louças que possamos usar em qualquer ocasião.

Se estão começando do zero, não precisam gastar muito dinheiro. Escolham um bom conjunto básico que possam usar no dia a dia e dar um toque especial para os dias de festa; um design simples ou uma cor neutra oferecerá mais flexibilidade quando se trata de arrumar a mesa. Invistam em tantos jogos quanto necessário (um jogo padrão para oito pessoas é um bom ponto de partida) e pensem em quantas peças realmente precisam. Tigelas específicas para cereal, sopa e sobremesa, ou uma que sirva para tudo? Vocês farão mais uso de pratos grandes de massa ou pratos de jantar funcionais? Se para vocês for importante que as peças combinem entre si, verifiquem se a louça que escolheram é um item de estoque, de modo que as peças quebradas possam ser substituídas facilmente.

Hoje, há inúmeros estilos disponíveis, de cerâmica rústica e melamina colorida até porcelana *vintage* delicada, e a maioria de nós acaba tendo uma combinação desses tipos diferentes. Tentem combinar a louça com a ocasião e a comida; sobremesas suaves, por exemplo, pedem pratos delicados. A vantagem da porcelana branca é que combina com tudo, mas jogos estampados ou até mesmo uma coleção desencontrada também podem funcionar bem.

Para complementar a louça em seu armário, há opções de sobra. As lojas de utensílios domésticos nos principais centros de compras e na internet oferecem uma grande variedade de designs modernos; lojas de produtos usados e casas de leilão podem ser boas fontes de peças *vintage* baratas. O que comprar depende muito do seu gosto e do seu orçamento, é claro, mas considerarem também os aspectos práticos. Vocês têm espaço suficiente para guardar aquela pilha de tigelas de bambu e se importariam de lavar à mão aqueles belos pratos retrô?

As casas costumavam ter uma grande variedade de talheres, mas os faqueiros modernos contém o mínimo possível: um conjunto de facas, garfos, colheres de sopa e de sobremesa é o padrão. Uma coleção simples deve ser suficiente para o dia a dia, mas faça alguns acréscimos com o tempo. Facas para churrasco podem ser úteis se vocês comem muita carne; o mesmo é válido para as de peixe, se vocês são fãs de frutos do mar. Garfos de sobremesa são perfeitos para receber convidados para um chá, e um conjunto delicado pode ser comprado separadamente.

Porcelana

8 pratos rasos
8 pratos fundos
8 tigelas de sopa
8 pratos ou potes de sobremesa
8 xícaras e pires

Para servir

2 travessas
tigelas para servir
molheira
jarra de água
cremeira
açucareiro
bule de chá e/ou café
potinhos variados

Vidros e cristais

8 copos de água
8 taças de vinho tinto
8 taças de vinho branco
8 copos de suco
8 copos *highball*
8 taças de champanhe
8 copos de conhaque
8 taças de martíni
8 taças de margarita
8 copos de licor

Talheres

8 garfos de mesa
8 garfos de salada
8 garfos de sobremesa
8 facas de mesa
8 facas para manteiga
8 facas para churrasco
8 colheres de sopa
8 colheres de sobremesa
8 colheres de chá

Para servir

2 conchas – 1 grande e 1 pequena
colheres de açúcar
pegadores de salada
1 garfo grande de trinchar
2-3 colheres para servir
espátula de bolo

Mesa

toalha de mesa
8 guardanapos
jogos americanos

Sabedoria na cozinha

Desde recuperar um molho empelotado a saber exatamente quanto servir em um jantar, as dicas a seguir os ajudarão a preparar e servir suas refeições com confiança.

Ao cozinhar

Fruta
Se precisar do suco e da casca de uma fruta cítrica, raspe a casca primeiro (você pode congelá-la em uma bandeja de gelo para usar futuramente) antes de espremer o suco.

Para descascar pêssego ou ameixa, mergulhe a fruta em uma tigela de água fervente por 1 minuto, retire e mergulhe em água fria ou gelada para interromper o processo de cozimento. Quando estiver fria o suficiente para manusear, a casca se soltará com facilidade.

Lave frutas vermelhas frescas, como framboesas e morangos, logo antes de servir, já que se deterioram depressa depois de lavadas.

Cebola
Para minimizar as lágrimas ao manusear uma cebola, experimente descascá-la sob água corrente e deixar a ponta da raiz intacta ao cortar.

Pimenta
Dica de segurança: os óleos naturais presentes nas pimentas frescas podem causar irritação à pele e aos olhos. Ao prepará-las, use luvas descartáveis ou coloque um saco plástico em cada mão, preso com um elástico ao redor do punho, para improvisar uma luva.

Caldo
Para eliminar a gordura da superfície do caldo, despeje-o em uma jarra e acrescente alguns cubos de gelo. Quando a gordura assentar ao redor do gelo, tire-a e descarte.

Molho
Para recuperar um molho empelotado, bata vigorosamente, usando um fuê, até ficar homogêneo. Outra opção é despejar o molho no liquidificador ou processador de alimentos e bater por cerca de 1 minuto, até ficar homogêneo. Você também pode passar o molho por uma peneira.

Marinada
Um modo fácil de marinar carne ou frango é usar um saco plástico para alimentos. Coloque a carne no saco, acrescente a marinada e feche. Chacoalhe o saco para cobrir bem a carne. Quando a carne estiver marinada, tire do saco e descarte-o. Nunca reutilize marinadas.

Vinho
Congele sobras de vinho em uma bandeja de gelo. Quando estiverem sólidos, coloque os cubos de vinho em um saco plástico para freezer. Os cubos de vinho podem ser utilizados em guisados e molhos para dar mais sabor.

Ao assar

Manteiga
Em vez de misturar a manteiga com a farinha usando a ponta dos dedos, experimente ralar manteiga congelada sobre a farinha e depois usar um misturador de massa ou garfo para trabalhá-la. Isso mantém a mistura o mais fria possível. Um processador de alimentos também fará o trabalho de maneira rápida e fácil.

Se estiver batendo manteiga para uma massa de bolo e a manteiga estiver fria demais, coloque um pano de prato quente e úmido em volta da tigela e continue a bater.

Leite
Para ajudar a evitar que o leite pegue no fundo durante o cozimento, aqueça com cuidado em uma panela de fundo grosso ou em banho-maria. Enxaguar a panela em água fria antes de acrescentar o leite também pode evitar que esquente demais.

Pão
Ao fazer pão, é importante que o líquido esteja bem morno (46-49°C), mas não quente. Se estiver quente demais, estragará a levedura. Se estiver frio demais, impedirá seu crescimento.

Meça os ingredientes com precisão. Farinha demais resultará em um pão seco e farelento; líquido demais resultará em um pão pesado e que não cresce. Levedura demais fará o pão envelhecer muito depressa.

Não enfarinhe em demasia a superfície de trabalho ao sovar o pão, uma vez que pode tornar a massa dura e seca. Um pouco de farinha é suficiente.

Bolo
Misture frutas secas, cereja em calda e nozes em um pouco de farinha de trigo ou de amêndoa antes de acrescentá-los à massa do bolo. Isso evita que as frutas ou nozes afundem e as mantêm bem distribuídas enquanto o bolo assa. Se lavar as frutas, seque bem antes de usar.

Se não tiver um saco de confeiteiro, use um saco plástico resistente. Corte uma ponta do fundo do saco, insira um bico, encha com a cobertura e use normalmente. Descarte o saco depois de usar.

Ao fazer *muffins*, pãezinhos ou *cupcakes*, borrife as forminhas de papel com óleo vegetal antes de usar. Assim, elas sairão mais facilmente depois de assar.

Massa
Se não tiver um rolo de macarrão, use uma garrafa de vidro no lugar. Se possível, resfrie a garrafa antes de usar, para manter a massa fria enquanto trabalha.

Pincelar a base de um disco de massa não assada com clara de ovo ou ovo batido evita que fique muito úmida. Se está pré-assando um disco de massa, retire os pesos de cerâmica e pincele a base com ovo 5 minutos antes do fim do cozimento. Uma opção também é pincelar um disco de massa frio e assado com uma camada fina de chocolate derretido. Deixe o chocolate firmar antes de acrescentar o recheio frio.

Cookies
Uma maneira fácil de transferir a massa pegajosa de cookies para uma assadeira é usar um pegador de sorvete. Mergulhe o pegador em uma tigela com água fria cada vez que usá-lo, para que a massa se solte facilmente. Assim você também evita que suas mãos fiquem meladas.

Mel, calda e geleia
Ao medir alimentos viscosos como mel, calda ou geleia, primeiro borrife a colher ou jarra medidora com óleo. O ingrediente viscoso escorrerá facilmente. Uma outra opção é usar uma colher medidora de metal mergulhada em água quente.

Chocolate
Ao acrescentar um líquido ao chocolate derretido, aqueça-o antes, já que o líquido frio fará o chocolate endurecer. Outra opção é acrescentar uma pequena quantidade de líquido a pedaços sólidos de chocolate e então derretê-los juntos. Se o chocolate empelotar, adicione um pouco mais de líquido, aqueça com cuidado e mexa até ficar homogêneo novamente.

Ao receber convidados

Corte duas fatias de uma torta ou de um bolo antes de retirar alguma porção. Assim, será muito mais fácil retirar uma primeira fatia intacta.

Fatie morangos frescos inteiros, mantendo as fatias presas pelo topo verde; abra as fatias em um leque e use para decorar sobremesas e saladas.

Congele pedacinhos de fruta em cubos de gelo e acrescente-os a drinques e coquetéis para um toque especial.

Ao dar uma festa, tenha em mente que uma garrafa de vinho ou champanhe de 750 ml serve cerca de seis taças. Considere pelo menos duas taças por pessoa.

Se precisar gelar uma garrafa de vinho branco ou espumante rapidamente, coloque no freezer por cerca de 30 minutos e não mais de 45 minutos. Use um timer, ou poderá se esquecer de tirá-la do freezer e a garrafa acabará explodindo!

Aqueça uma garrafa de vinho tinto colocando-a em um balde de gelo cheio de água morna (à temperatura de aproximadamente 20ºC) por 20-35 minutos.

Café da manhã e brunch

Lassi de banana, mel e gérmen de trigo

Lassi é uma bebida fria indiana que pode ser doce ou salgada. No verão, experimente colocar um punhado de gelo antes de bater no liquidificador. Se gostar de banana madura, espere a casca ficar bem manchada para intensificar o sabor.

2 bananas
2 colheres de chá de mel
½ xícara de iogurte natural
150 ml de leite integral
1 colher de sopa de gérmen de trigo*

Serve: 2 porções

Coloque as bananas, o mel, o iogurte e o leite no liquidificador e bata ate ficar homogêneo. Prove e acrescente um pouco mais de mel se achar necessário. Incorpore o gérmen de trigo e bata rapidamente, só para misturar. Divida em 2 copos altos e sirva com canudos grossos o suficiente para não entupir com o gérmen de trigo.

* Você pode usar farelo de trigo no lugar do gérmen.

Smoothie de manga e castanha-de-caju

A castanha-de-caju batida é leitosa, mas ela pode ser usada no lugar dos lácteos para preparar bebidas incríveis. Quando batida com manga, o resultado é um smoothie bem grosso, quase uma sobremesa. Você também pode usar frutas vermelhas ou bananas.

50 g de castanha-de-caju, demolhada em água fria durante a noite anterior
1 manga madura descascada e picada grosseiramente
1 colher de chá de linhaça

Serve: 2 porções

Escorra as castanhas-de-caju e bata no liquidificador com 150 ml de água até obter um leite de castanha homogêneo. Acrescente a manga picada. Bata de novo e incorpore a linhaça. Divida em 2 copos e sirva.

Suco de framboesa, morango e laranja

Tenha framboesas no seu freezer para emergências, pois elas encorpam smoothies, além de dar um toque de sabor frutado. As framboesas deixarão a bebida gelada e deliciosa.

125 g de framboesa congelada
125 g de morango
400 ml de suco de laranja espremido na hora

Serve: 2-4 porções

Coloque as framboesas, os morangos e o suco de laranja no liquidificador e bata até ficar homogêneo. Divida em 2-4 copos e sirva.

Bircher Muesli

Esse muesli tem o tipo de textura que você pode amar ou odiar. Tem algo de reconfortante em sua doçura – mas, se preferir crocante, prove com a granola da próxima receita. O muesli pode passar 2-3 dias na geladeira nesse caso; não coloque a maçã, para não escurecer.

1 xícara de aveia em flocos
½ xícara de uva-passa (branca)
175 ml de suco de maçã
suco de 1 limão-siciliano
½ xícara de iogurte natural
1 maçã descascada e ralada
3 colheres de sopa de lascas de amêndoa
frutas vermelhas variadas, para servir
mel, para servir

Serve: 2 porções

Coloque a aveia e a uva-passa em uma tigela grande. Despeje os sucos de maçã e de limão-siciliano. Cubra com um pano de prato e deixe de molho de um dia para o outro, ou então coloque em um recipiente hermético e leve à geladeira, sobretudo se estiver muito calor.

Na manhã seguinte, no café da manhã, misture o iogurte, a maçã e a amêndoa com o muesli. Divida em 4-6 tigelas, espalhe algumas frutas vermelhas por cima e regue com um fio de mel.

Granola de castanha, amêndoa e mel

Hummm, granola crocante com mel. Esta versão é bem doce e crocante e sacia – um pouco já é o suficiente. O truque é fazê-la dourar de maneira uniforme, por isso você precisa espalhá-la e virá-la enquanto torra. Não deixe ficar muito escura para não amargar.

½ xícara de *maple syrup*
½ xícara de mel
4 colheres de sopa de óleo de girassol
2 xícaras de aveia em flocos
75 g de amêndoa picada grosseiramente
75 g de castanha-do-pará picada grosseiramente
50 g de semente de abóbora
½ colher de chá de sal
100 g de uva-passa (branca)

1 ou 2 assadeiras grandes forradas com papel-manteiga

Serve: 10-12 porções

Preaqueça o forno a 140ºC.

Coloque o *maple syrup*, o mel e o óleo em uma panela pequena e aqueça em fogo baixo. Em uma tigela grande, junte a aveia, a amêndoa, a castanha, a semente e o sal e misture bem. Regue com a mistura quente e mexa bem com uma colher de madeira. A aveia precisa ser totalmente umedecida.

Espalhe a granola sobre as assadeiras, até no máximo 1 cm de altura, e leve ao forno por 20 minutos.

Tire do forno e mexa a granola torrada, das bordas para o meio e acomode-a de novo. Volte ao forno por mais 15-20 minutos, até ficar levemente dourada. Não espere que já esteja crocante – continuará macia até esfriar.

Tire do forno e deixe esfriar por 10 minutos antes de acrescentar a uva-passa. Ao esfriar completamente, quebre em pedaços. Guarde em um recipiente hermético. Dura até um mês.

Muffin de mel e damasco

Esses muffins deliciosamente saudáveis são excelentes para um café da manhã rápido. Contêm muitas frutas secas, nozes e outros ingredientes que dão energia durante a manhã inteira. Eles exalam um ótimo aroma enquanto assam e são melhores se servidos frescos, mas podem ser conservados em recipiente hermético por 3 a 4 dias.

200 g xícara de farinha de trigo
½ colher de chá de bicarbonato de sódio
2½ colheres de chá de fermento em pó
1 colher de chá de canela em pó
1 colher de chá de noz-moscada em pó
uma pitada de pimenta-da-jamaica em pó
50 g de damasco seco picado
50 g de nozes-pecã picadas
1 xícara de aveia em flocos
50 g de uva-passa branca
2 bananas (de preferência, maduras)
2 maçãs raladas, sem descascar
2 ovos
5 colheres de sopa de óleo vegetal
1 colher de chá de essência de baunilha
4 colheres de sopa de mel
6 colheres de sopa de leite
½ xícara de açúcar demerara
nozes-pecã picadas, para cobrir

uma assadeira para 12 muffins *forrada com forminhas de papel*

Serve: 12 porções

Preaqueça o forno a 180ºC.

Peneire a farinha em uma tigela. Acrescente o bicarbonato de sódio, o fermento em pó, a canela, a noz-moscada e a pimenta-da-jamaica e misture bem. Adicione os damascos secos, as nozes-pecã e a aveia à mistura de farinha, junto com a uva-passa; reserve.

Em uma tigela à parte, amasse as bananas com um garfo. Acrescente as maçãs, os ovos, o óleo, a essência de baunilha, o mel e o leite e mexa bem. Adicione o açúcar e mexa de novo. Faça uma cova no meio dos ingredientes secos. Despeje a mistura líquida e mexa com cuidado, incorporando pouco a pouco os ingredientes secos, para formar uma massa macia. Não mexa demais.

Encha as forminhas de *muffin* até dois terços da altura e cubra com nozes picadas para dar textura.

Leve à grade superior do forno por aproximadamente 30-40 minutos, até a massa crescer e dourar e estar bem macia ao toque. Tire do forno e deixe esfriar sobre uma grade aramada. Sirva com uma xícara de café.

Panqueca de coco com manga e calda de limão

Essa panqueca não contém leite nem ovos. Isso a torna um pouco mais pesada, mas uma quantidade generosa de calda de limão pode solucionar esse problema.

150 g de farinha de trigo
3 colheres de chá de fermento em pó
¼ colher de chá de sal
2 colheres de sopa de açúcar demerara
3 colheres de sopa de coco ralado
200 ml de leite de coco
2 colheres de sopa de óleo de girassol, mais um pouco para fritar
1 manga descascada e fatiada

Para a calda de limão

suco de 3 limões
raspas de 1 limão
½ xícara de mel
6 bagas de cardamomo amassadas

Serve: 4 porções

Preaqueça o forno em temperatura baixa.

Para fazer a calda de limão, coloque o suco e a raspas de limão, o mel e as bagas de cardamomo em uma panela pequena e leve ao fogo. Quando levantar fervura, deixe ferver por 5 minutos; tire do fogo e reserve.

Enquanto isso, peneire a farinha, o fermento em pó e o sal em uma tigela grande e misture o açúcar e o coco ralado. Em outra tigela, coloque o leite de coco, 75 ml de água e o óleo e bata até ficar homogêneo. Junte com os ingredientes secos e misture bem.

Aqueça uma panquequeira ou uma frigideira de fundo grosso em fogo médio. Unte com um papel-toalha embebido em óleo. Coloque 2-3 colheres de sopa da massa na panquequeira. Cozinhe por 1-2 minutos de cada lado, até ficar firme e dourar. Mantenha aquecida no forno enquanto prepara o restante da massa. Sirva com a manga fatiada e calda de limão.

Panqueca de mirtilo

Para que seja perfeita, a panqueca de mirtilo deve ser leve e fofa e crescer bem. O segredo é usar um pouco de água – uma massa feita apenas com leite fica mais pesada. E lembre-se de servi-las com bastante maple syrup.

125 g de farinha de trigo com fermento
1 colher de chá de fermento em pó
2 colheres de sopa de açúcar
¼ colher de chá de sal
1 ovo
100 ml de leite integral
3 colheres de sopa de manteiga derretida
150 g de mirtilo, mais alguns para decorar
maple syrup para servir

Serve: 4 porções

Preaqueça o forno em temperatura baixa.

Peneire a farinha e o fermento em pó em uma tigela grande e junte o açúcar e o sal. Em outra tigela, coloque o ovo, o leite e 75 ml de água e bata para misturar.

Acrescente metade da manteiga aos ingredientes úmidos. Misture-os com os ingredientes secos até ficar uma massa homogênea.

Unte uma panquequeira ou frigideira de fundo grosso com um papel-toalha embebido na manteiga restante. Aqueça e coloque 4 colheres de sopa da massa. Cozinhe por 1-2 minutos de um lado, espalhe alguns mirtilos por cima e vire a panqueca. Cozinhe por 2 minutos, até ficar firme e dourar. Mantenha aquecida dentro do forno enquanto prepara o restante da massa. Sirva com mais mirtilos e *maple syrup*.

Tomate assado com queijo de cabra e ervas

Neste prato simples de café da manhã ou brunch, use um queijo de cabra bem forte e envelhecido para contrastar com a doçura dos tomates cozidos.

- 4 tomates grandes para rechear (gaúcho/maçã)
- 2 colheres de sopa de azeite extravirgem, mais um pouco para regar
- 1 cebola bem picada
- 1 colher de sopa de tomilho fresco picado
- 200 g de queijo de cabra
- 4 colheres de sopa de farinha de rosca
- 2 ovos batidos
- um punhado de folhas frescas de manjericão

Serve: 4 porções

Preaqueça o forno a 180ºC.

Corte a tampa de cada tomate e reserve. Retire as sementes e o suco e descarte ou reserve para fazer molho de tomate, se desejar.

Aqueça o azeite em uma frigideira e refogue a cebola e o tomilho por 5 minutos. Deixe esfriar um pouco.

Em uma tigela, bata o queijo de cabra, a farinha de rosca e os ovos e tempere bem. Incorpore a cebola e o tomilho refogados e algumas folhas de manjericão. Distribua o recheio nos tomates e cubra com as tampas reservadas. Coloque na assadeira, regue com azeite e espalhe as folhas de manjericão restantes por cima. Leve ao forno por 18-20 minutos.

Ovos Benedict

Neste prato, tudo é questão de tempo. Tenha tudo pronto antes de cozinhar os ovos, assim não terá de se apressar.

- 4 ovos grandes
- 2 minipães integrais cortados ao meio, na horizontal
- 8 fatias finas de presunto
- pimenta-do-reino moída na hora

Para o molho holandês

- 2 colheres de sopa de vinagre de vinho branco
- 1 echalota picada grosseiramente
- ½ colher de chá de pimenta-do-reino em grãos
- 2 gemas grandes
- ½ xícara de manteiga sem sal

Serve: 4 porções

Preaqueça a grelha.

Para fazer o molho holandês, coloque o vinagre, 2 colheres de sopa de água fria, a echalota e pimenta-do-reino em uma panela e cozinhe em fogo baixo por alguns minutos até reduzir a 1 colher de sopa de líquido. Coe no copo do liquidificador (ou em uma tigela, se você for usar um mixer), bata com as gemas e reserve. Derreta a manteiga na mesma panela e reserve.

Encha uma frigideira grande com água e ferva. Quebre os ovos perto da borda para não encostarem um no outro e escalfe por exatamente 3 minutos. Enquanto isso, grelhe os minipães (com o lado cortado para cima) e o presunto por 2-3 minutos.

Para terminar o molho, bata a mistura de gemas e vinagre até ficar espumosa. Com o liquidificador ligado, acrescente a manteiga derretida bem devagar, ate o molho engrossar. Você deve levar cerca de 1 minuto para acrescentar toda a manteiga. Não se apresse, ou não vai emulsionar.

Cubra cada metade dos minipães com 2 fatias de presunto. Tire os ovos escalfados e coloque cada um sobre os minipães. Despeje o molho holandês por cima e polvilhe um pouco de pimenta-do-reino moída na hora.

Ovos rancheiros

Você pode comprar latas de feijão cozido pronto, mas prepará-los em casa é tão fácil quanto. Se quiser servir este prato com uma colherada de guacamole, vinagrete mexicano ou creme azedo, é uma ótima ideia.

- 3 colheres de sopa de óleo vegetal
- 1 pimenta-malagueta ou jalapeño verde picada
- 2 dentes de alho amassados
- 500 g de tomate cortado em gomos finos
- 250 g de feijão-rajado ou branco cozido e escorrido
- ½ xícara de cheddar ralado
- suco de 1 limão, mais alguns gomos para servir
- um punhado de folhas frescas de coentro picadas
- 4 ovos
- 4 tortilhas de milho
- sal marinho e pimenta-do-reino moída na hora

Serve: 4 porções

Aqueça 1 colher de sopa do óleo em uma frigideira grande em fogo médio, acrescente a pimenta, metade do alho e uma pitada de sal e refogue por 1-2 minutos, até ficar macio. Adicione os tomates e cozinhe em fogo baixo por aproximadamente 20 minutos.

Aqueça o óleo restante em uma panela pequena. Refogue a outra metade do alho por 20 segundos, até dourar, e adicione o feijão. Esmague grosseiramente com um amassador de batatas; adicione sal e pimenta-do-reino a gosto e o cheddar.

Acrescente o suco de limão e o coentro ao molho de tomate. Faça 4 covas no molho e quebre um ovo em cada uma. Cozinhe por 3 minutos até firmar. Tampe durante os últimos 30 segundos, para deixar as claras firmes.

Enquanto isso, aqueça uma frigideira em fogo médio. Cozinhe as tortilhas por 1 minuto de cada lado, até dourar e esquentar. Transfira para 4 pratos e espalhe o feijão sobre as tortilhas. Cubra com o molho de tomate e os ovos. Sirva com gomos de limão e guacamole ou *sour cream*.

Sanduíche de bife com ovo frito

Coma este sanduíche depressa, antes que o ovo tenha tempo de escapar pelo seu queixo.

100 g de manteiga amolecida
2 colheres de chá de mostarda extraforte
½ colher de chá de mostarda em pó
1 colher de sopa de folhas frescas de estragão picadas
1 colher de chá de pasta de anchova (opcional)
2 pães cortados ao meio, na horizontal
2 bifes de costela ou contrafilé com 1,5 cm de espessura, de 250 g cada um
3 colheres de sopa de azeite
2 ovos grandes
sal e pimenta-do-reino moída na hora

Serve: 2 porções

Coloque a manteiga em uma tigela e amasse com uma colher contra a borda interna da tigela até ficar bem macia. Acrescente a mostarda extraforte, a mostarda em pó, o estragão e, se desejar, a pasta de anchova. Tempere a gosto, tomando cuidado para não colocar sal demais, pois a pasta de anchova já é salgada. Misture tudo e unte os pães com este patê.

Aqueça uma bistequeira grande em fogo alto até ficar bem quente. Pincele os bifes com 1 colher de sopa de azeite e tempere. Coloque os bifes na bistequeira e pressione. Grelhe por 2-4 minutos de cada lado. Pressione o meio do bife para checar o cozimento; e se estiver um pouco mole, ainda está malpassado. Transfira os bifes para uma tábua e deixe descansar por 2-3 minutos enquanto frita os ovos.

Coloque o azeite restante em uma frigideira e aqueça em fogo alto. Quebre os ovos e abaixe o fogo. Frite por 2 minutos, então vire e frite o outro lado por 30 segundos, mas deixe a gema um pouco mole. Coloque um bife em cada pão e finalize com um ovo frito.

Quiche inglesa para o café da manhã

Esta quiche reúne todos os sabores de uma fritada inglesa caseira tradicional.

Para a massa
225 g de farinha de trigo
1 colher de chá de mostarda em pó
150 g de manteiga fria cortada em cubos
1 ovo

Para o recheio
4 linguiças de porco
200 g de tomate-cereja cortado ao meio
200 g de bacon cortado em cubos
200 g de cogumelo-de-paris cortado ao meio
1 colher de sopa de azeite
300 ml de *sour cream* (creme azedo)
3 ovos grandes batidos
1 colher de chá de mostarda em pó
uma fôrma com fundo removível de 25 cm de diâmetro
pesos de cerâmica ou feijões para assar a massa

Serve: 6 porções

Preaqueça o forno a 200ºC.

Para fazer a massa, coloque a farinha, a mostarda em pó e a manteiga no processador e pulse somente até misturar. Acrescente o ovo e bata até a mistura virar uma bola. Tire do processador, cubra com filme plástico e leve à geladeira por 30 minutos.

Para o recheio, coloque as linguiças em uma assadeira com grelha e leve ao forno por 10 minutos. Tire do forno, acrescente os tomates, o bacon e os cogumelos, regue com azeite e volte ao forno por mais 15-20 minutos, até estar bem assado. Deixe o forno ligado.

Abra a massa sobre uma superfície levemente enfarinhada até ter cerca de 3 mm de espessura e forre a fôrma com ela. Pressione a massa nas bordas e deixe o excesso. Fure a base com um garfo, forre com papel-manteiga e cubra com feijões ou os pesos de cerâmica. Leve ao forno por 8 minutos, e então remova o peso e o papel-manteiga. Recorte o excesso de massa e abaixe o forno para 150ºC. Leve a massa ao forno novamente por 2-3 minutos para secar enquanto você finaliza o recheio.

Fatie as linguiças e espalhe sobre a massa com o restante dos ingredientes assados. Misture o *sour cream*, os ovos e a mostarda em pó e espalhe sobre a massa. Leve ao forno por 30-35 minutos, até as bordas ficarem bem assadas. Desligue o forno e deixe a torta esfriar dentro dele, com a porta aberta, por 15 minutos. Corte em pedaços e sirva quente ou fria.

Feijão assado com maple syrup e páprica

Este feijão assado caseiro é simplesmente delicioso. É doce, defumado e irresistível. Sirva sobre uma fatia de pão integral torrado com manteiga, ou com hash browns.

2 colheres de sopa de manteiga
250 g de bacon ou panceta
2 cebolas picadas
1 colher de chá de páprica defumada (encontrada em casa especializadas)
2 colheres de chá de mostarda de Dijon
500 g de feijão-branco ou rajado cozido e escorrido
1 colher de sopa de extrato de tomate
250 ml de caldo de carne/legumes quente
6 colheres de sopa de *maple syrup*
sal marinho e pimenta-do-reino moída na hora

Serve: 4 porções

Preaqueça o forno a 150°C.

Em uma caçarola grande refratária, aqueça a manteiga e refogue o bacon até dourar. Acrescente as cebolas, a páprica e a mostarda. Abaixe o fogo, tampe a panela e cozinhe por 5 minutos, mexendo de vez em quando.

Adicione o feijão cozido, o extrato de tomate, o caldo quente e acerte o tempero. Tampe a panela e leve ao forno por 2 horas.

Dê uma boa mexida, incorpore o *maple syrup* e prove o tempero. Volte ao forno por mais 20 minutos sem a tampa, até o molho engrossar. Sirva com torrada quente com manteiga ou *hash browns* (receita abaixo).

Hash brown

Estes bolinhos crocantes de batata são fritos por imersão, ou seja, provavelmente você não vai prepará-los todos os dias. Para mantê-los aquecidos enquanto prepara o resto do café da manhã, coloque-os no forno, sobre uma grade aramada, para que não fiquem encharcados.

2 colheres de sopa de manteiga
1 cebola picada
600 g de batata grande descascada e ralada
1 clara de ovo batida
óleo vegetal, para fritar
sal marinho e pimenta-do-reino moída na hora

Rende: 16 unidades

Aqueça a manteiga em uma frigideira e acrescente a cebola; tampe e cozinhe em fogo baixo até amolecer.

Coloque as batatas em uma tigela grande e junte as cebolas cozidas. Junte a clara e tempere bem.

Encha um terço de uma panela grande com óleo vegetal. Aqueça a 190°C (ou até uma pequena porção da massa de batata dourar em poucos segundos).

Enrole a massa de batata formando bolinhas do tamanho de uma noz; achate-as um pouco antes de colocá-las no óleo quente. Frite 4-5 de cada vez, durante 2-3 minutos, até dourar. Coloque sobre papel-toalha para escorrer o excesso de óleo e salpique sal antes de servir.

Sopas e petiscos

Sopa de feijão-branco e linguiça defumada

Esta sopa colorida é rápida de preparar e um ótimo prato quente para o almoço.

2 colheres de sopa de azeite
200 g de linguiça defumada
1 cebola-roxa cortada em fatias finas
2 dentes de alho picados
¼ colher de chá de páprica defumada
400 g de tomate picado
500 ml de caldo de galinha ou de legumes
250 g de feijão-branco cozido e escorrido
um punhado de folhas frescas de salsinha e outro de folhas frescas de coentro picadas grosseiramente
fatias de baguete esfregadas com alho e tostadas para servir

Serve: 4 porções

Aqueça o azeite em uma panela grande em fogo alto. Acrescente a linguiça, a cebola e o alho e refogue por 5 minutos, até a linguiça dourar e a cebola amolecer.

Junte a páprica e refogue por 1 minuto, até soltar o aroma. Acrescente o tomate, o caldo e o feijão e deixe levantar fervura. Abaixe o fogo para temperatura média e deixe cozinhar, sem a tampa, por 10 minutos. Junte a salsinha e o coentro e sirva com as torradas de alho.

Opção vegetariana: substitua a linguiça por 400 g de cogumelo fatiado e cozinhe como faria com a linguiça. Use caldo de legumes e misture alguns punhados de folhas de espinafre baby até murcharem, para acentuar o sabor.

Sopa cremosa de feijão cannellini, alho-poró e azedinha

O sabor picante e cítrico da azedinha funciona bem com a textura agradavelmente suave e cremosa do feijão cannellini.

3 colheres de sopa de manteiga
1 alho-poró fatiado
2 dentes de alho picados
100 g de bacon cortado em tiras finas
2 batatas para cozinhar (Desirée) cortadas em cubos
1 litro de caldo de legumes ou de galinha
250 g de feijão cannellini cozido e escorrido
1 ramo de azedinha picado fino
125 ml de creme de leite fresco
sal marinho e pimenta-do-reino moída na hora
um punhado de folhas frescas de salsinha bem picadas

Serve: 4 porções

Aqueça a manteiga em uma panela grande e leve ao fogo médio. Quando a manteiga estiver derretendo, acrescente o alho-poró, o alho e o bacon e refogue por 10 minutos, até o alho-poró amolecer e o bacon dourar.

Acrescente as batatas, o caldo e o feijão e deixe levantar fervura. Abaixe o fogo e cozinhe por cerca de 20 minutos, até as batatas amolecerem. Junte a azedinha e cozinhe por mais 5 minutos, até murchar. Misture o creme de leite e tempere a gosto com sal e pimenta-do-reino. Espalhe a salsinha por cima e sirva.

Opção vegetariana: para uma sopa substanciosa e sem carne, simplesmente não use o bacon e prefira caldo de legumes.

Sopa cremosa de pão e tomate com azeite de manjericão

Esta sopa italiana é tão boa quanto seus ingredientes – tomate e pão de boa qualidade e um maravilhoso azeite. É uma receita excelente para usar pão amanhecido – aqui, ele engrossa a sopa cremosa de tomate, que, por sua vez, é enriquecida com um punhado generoso de parmesão. Aprender a fazer seu próprio azeite de ervas também é divertido.

- 1,5 litro de caldo de legumes, galinha ou carne
- 4 colheres de sopa de azeite extravirgem
- 1 cebola picada
- 1,2 kg de tomate bem maduro picado
- 300 g de pão branco amanhecido sem casca cortado em fatias finas ou triturado no processador
- 3 dentes de alho amassados
- 2 xícaras de parmesão fresco ralado, mais um pouco para servir
- sal marinho e pimenta-do-reino moída na hora

Para o azeite de manjericão e rúcula

- 150 ml de azeite extravirgem
- 3 colheres de sopa de manjericão fresco picado
- 3 colheres de sopa de rúcula picada

Serve: 6 porções

Aqueça o caldo em uma panela grande. Enquanto isso, aqueça o azeite em outra panela grande e refogue a cebola e os tomates em fogo baixo por 10 minutos, até amolecerem. Passe a mistura por uma boa peneira e junte ao caldo. Acrescente o pão e o alho. Tampe e cozinhe por 45 minutos até a sopa ficar espessa e cremosa, dando uma boa mexida de vez em quando para quebrar o pão. Preste atenção, pois essa sopa pode grudar no fundo.

Enquanto isso, para fazer o azeite de manjericão e rúcula, bata o azeite, o manjericão e a rúcula no liquidificador até que a mistura fique homogênea; passe por uma peneira fina, se necessário.

Junte o parmesão à sopa e tempere com sal e pimenta-do-reino a gosto. Coloque em tigelas e regue com 2 colheres de sopa do azeite de manjericão e rúcula. Sirva quente, morna ou fria (mas nunca gelada). Sirva parmesão extra separadamente.

Terrine de porco e fígado de frango com pistache

Uma terrine é perfeita para ser compartilhada. Pode ser preparada bem antes e, ao servi-la, acompanhe com um pão de boa qualidade e potinhos com picles.

1 kg de carne de porco picada/moída
200 g de toucinho curado ou panceta cortado em cubos
300 g de fígado de frango picado
1 dente de alho amassado
raspas finas de 1 laranja
2 colheres de chá de sementes de erva-doce
50 g de pistache
1 ovo batido
um punhado de folhas frescas de salsinha bem picadas
12 fatias de bacon
pepinos baby ou outro picles de sabor adocicado, para servir
1 baguete, para servir

uma fôrma de pão/bolo inglês ou terrine de 20 x 10 x 7 cm, levemente untada
uma assadeira grande e rasa

Serve: 10-12 porções

Coloque a carne de porco picada/moída, o toucinho/a panceta, o fígado de frango, o alho, as raspas de laranja, as sementes de erva-doce e o pistache em uma tigela e, com as mãos, misture bem. Cubra e leve à geladeira por pelo menos 6 horas, de preferência até o dia seguinte, mexendo de vez em quando.

Preaqueça o forno a 180°C.

Acrescente o ovo e a salsinha à mistura de porco e, com as mãos, misture bem. Use as fatias de bacon para forrar a fôrma, de modo que as pontas fiquem para fora das laterais.

Acomode a mistura de porco na fôrma de pão, pressionando-a contra o fundo. O recheio pode estar mais alto do que a borda da fôrma nessa etapa, mas ficará mais baixo ao assar. Cubra firmemente a parte de cima da fôrma com 2 camadas de papel-alumínio. Coloque a fôrma na assadeira grande e rasa. Acrescente água quente até a metade da altura das laterais da fôrma. Leve ao forno por 3 horas.

Tire a terrine da assadeira e deixe esfriar completamente, com o papel-alumínio intacto. Quando estiver fria, tire o papel-alumínio com cuidado e desenforme a terrine sobre uma travessa. Cubra e leve à geladeira até o momento de servir. Sirva com os picles e a baguete fatiada.

Patê de arenque defumado e limão

Um patê maravilhosamente rápido feito com arenque ou outro peixe gordo defumado é uma entrada simples, mas impressionante e deliciosa para um jantar.

250 g de filé de arenque defumado
raspas finas de 1 limão-siciliano pequeno
3 colheres de sopa de erva-doce fresca picada fino
250 g de *cream cheese* em temperatura ambiente
300 g de tomate-cereja
1 colher de sopa de harissa

6-8 ramequins

Rende: 6-8 unidades

Tire os espinhos dos filés de arenque, desfie-os em uma tigela e misture com as raspas de limão, a erva-doce e o *cream cheese*. Cubra e leve à geladeira até estar pronto para servir

Em uma tigela pequena, misture os tomates-cereja e a harissa, amassando os tomates levemente com a parte de trás de um garfo.

Divida o patê entre os *ramequins* e sirva acompanhados dos tomates amassados com harissa.

Tomate assado com queijo de cabra e torrada de alho

Tente usar tomates maduros para obter um sabor doce e concentrado que combina bem com a acidez do queijo de cabra. Estas torradas são perfeitas para servir junto com um bom drinque.

500 ml de azeite extravirgem
1 ramo de orégano fresco
2 colheres de chá de folhas frescas de salsinha bem picada
6 tomates italianos bem maduros
½ colher de chá de sal marinho
200 g de queijo de cabra macio
1 baguete pequena
2 dentes de alho

Serve: 4 porções

Preaqueça o forno a 130°C.

Coloque o azeite em uma assadeira pequena, em seguida coloque o orégano e a salsinha. Corte os tomates ao meio e disponha-os em uma única camada na assadeira. O ideal é que fiquem totalmente submersos no azeite. Salpique com sal. Leve ao forno por 5 horas, até que estejam de um tom vermelho bem intenso e tenros, mas ainda mantendo a forma. Tire do forno e deixe os tomates no azeite até esfriarem completamente.

Coloque o queijo de cabra em uma tigela. Preaqueça a grelha. Corte a baguete em fatias bem finas. Torre o pão de ambos os lados até dourar e ficar crocante, e esfregue um dos lados com os dentes de alho.

Tire os tomates do azeite e disponha-os em uma travessa com o queijo e as torradas de alho do lado.

Molho de pimentão vermelho assado e nozes

Este é um molho sírio tradicional chamado muhammara, normalmente servido como antepasto. Também acompanha bem peixe ou cordeiro assado ou grelhado.

3 pimentões vermelhos grandes
1 fatia de pão italiano esfarelado
100 g de nozes picadas grosseiramente
½ colher de chá de pimenta calabresa
1 colher de sopa de pasta de tomate seco
2 dentes de alho picados
2 colheres de chá de suco de limão-siciliano
1 colher de sopa de vinagre balsâmico
2 colheres de chá de açúcar
1 colher de chá de cominho em pó
sal e pimenta-do-reino moída na hora
2 colheres de sopa de azeite
pistache picado para espalhar por cima
pão sírio torrado para servir

Serve: 6-8 porções

Para descascar os pimentões, espete cada um deles em um garfo e segure diretamente sobre a chama do fogão por 10-15 minutos, até a pele enegrecer por completo. Uma opção é colocá-los em uma assadeira e levá-los ao forno preaquecido em temperatura alta (220°C) por 10-15 minutos, até a casca estufar e enegrecer. Transfira para uma tigela, cubra com um pano de prato e deixe esfriar o suficiente para manuseá-los.

Com as mãos, remova a pele e as sementes dos pimentões e rasgue a polpa em pedaços (evite lavar com água, pois tirará o sabor defumado). Coloque no processador e junte os ingredientes restantes. Processe até obter uma pasta grossa. Tempere a gosto com sal e pimenta-do-reino e transfira para uma tigela. Cubra com filme plástico e leve à geladeira por pelo menos 8 horas para que os sabores se acentuem.

Transfira o molho em temperatura ambiente para uma tigela rasa. Regue com azeite e espalhe o pistache picado por cima. Sirva com pedaços de pão sírio torrado. O molho pode ser armazenado em um recipiente hermético e conservado na geladeira por 4-5 dias.

Charuto de folha de uva com lentilha verde, uva-passa e ervas

Nesta receita, as folhas de uva envolvem uma saborosa mistura de arroz, ervas e pinhão.

200 g de folha de uva
1 colher de sopa de azeite
1 cebola pequena bem picada
165 g de arroz branco de grão curto
45 g de lentilha verde seca
125 ml de caldo de galinha ou de legumes
2 colheres de sopa de uva-passa
50 g xícara de pinhão levemente torrado
2 colheres de sopa de hortelã fresca picada
2 colheres de sopa de salsinha fresca picada
2 colheres de sopa de erva-doce fresca picada
65 ml de azeite extravirgem
2 colheres de suco de limão-siciliano espremido na hora
sal e pimenta-do-reino moída na hora

Rende: 24 unidades

Para preparar as folhas de uva, separe-as e mergulhe-as em água fria por cerca de 15 minutos. Escorra bem e seque com papel-toalha.

Aqueça a colher de sopa de azeite em uma panela pequena em fogo alto e refogue a cebola por 2-3 minutos, até amolecer. Junte o arroz e a lentilha e refogue por 1 minuto. Acrescente o caldo, mexa para misturar e soltar os grãos grudados no fundo da panela. Tampe e cozinhe em fogo baixo por 10 minutos. Despeje a mistura em uma tigela e adicione a uva-passa, o pinhão, a hortelã, a salsinha e a erva-doce e tempere bem.

Escolha 24 folhas de uva, preferindo as maiores e menos rasgadas. Use as folhas restantes para forrar uma panela grande de fundo grosso e regue-as com metade do azeite.

Acomode uma folha na superfície de trabalho, com os veios para baixo. Coloque 1 colher de sopa do recheio no centro e enrole a partir da ponta do caule, dobrando as laterais para envolver o recheio. Não aperte demais, pois, ao inchar, o arroz fará as folhas partirem. Repita até usar todo o recheio. Coloque os charutos na panela em uma única camada. Despeje por cima o azeite restante, o suco de limão e 500 ml de água gelada. Deixe ferver e abaixe o fogo. Cubra com um prato e cozinhe em fogo baixo por 45 minutos. Tire do fogo e deixe descansar na panela por alguns minutos. Quando estiverem frios o suficiente para manusear, tire da panela e sirva.

Chip de couve condimentado com massala

Chips de couve são uma alternativa mais saudável aos salgadinhos industrializados, como os de batata.

1 maço de couve crespa (aproximadamente 50 g)
1 tomate grande cortado em quatro
3 tomates secos (sem marinar e sem adição de açúcar)
½ colher de chá de páprica
¼ colher de chá de cominho em pó
uma pitada de sal marinho
⅛-¼ colher de chá de pimenta-de-caiena
pimenta-do-reino moída na hora

uma assadeira forrada com papel-alumínio

Serve: 2-4 porções

Preaqueça o forno a 200°C.

Rasgue as folhas de couve em pedaços pequenos e coloque-as em um escorredor. Lave e seque – o ideal é que fiquem completamente secas. Coloque-os em uma tigela grande.

Bata o tomate e os tomates secos no processador até ficar homogêneo. Não parecerá muito, mas a ideia é apenas dar sabor à couve, e não cobri-la com um molho espesso. Acrescente a páprica, o cominho, o sal, a pimenta-do-reino e a pimenta-de-caiena a gosto. Processe a mistura novamente e despeje na tigela de couve. Mexa com as mãos para cobrir bem com a mistura de massala.

Espalhe os pedaços de couve na assadeira preparada e leve ao forno com a porta ligeiramente aberta por 14-16 minutos. A couve estará pronta quando estiver fina e crocante. Armazene em um pote hermético e conserve por 4-5 dias em temperatura ambiente.

Rillette de salmão com torrada Melba

Um rillette é uma maneira tradicional de envasar e conservar carnes, como porco ou pato, em gordura. Esta é uma versão mais leve e mais saudável desse clássico francês.

300 g de filé de salmão (defumado, se desejar) sem pele e sem espinhos
50 g de manteiga sem sal, fria e cortada em cubos
½ colher de chá de sal marinho
1 limão-siciliano, metade cortada em rodelas e o suco da outra metade
1 colher de sopa de erva-doce fresca picada
2 colheres de sopa de cebolinha picada
4 fatias de pão de fôrma

Serve: 4 porções

Preaqueça o forno a 200°C.

Coloque o salmão sobre uma folha de papel-manteiga grande. Distribua os cubos de manteiga sobre o peixe, salpique o sal, acrescente as rodelas de limão e termine com a erva-doce. Embrulhe o peixe firmemente, coloque em uma assadeira e leve ao forno por 10 minutos. Mantenha no papel-manteiga e deixe esfriar à temperatura ambiente.

Tire o peixe do papel-manteiga e recolha o líquido em uma tigela grande. Descarte as rodelas de limão. Desfie o peixe e coloque na tigela com o líquido; acrescente a cebolinha e o suco de limão. Cubra e leve à geladeira até o momento de servir.

Para as torradas, preaqueça uma grelha em fogo alto e tire as cascas do pão. Torre o pão de ambos os lados até dourar. Com uma faca de serra, corte com cuidado cada fatia ao meio no sentido da espessura para fazer 8 fatias bem finas. Corte cada pedaço em 4 triângulos pequenos, coloque-os de volta na grelha e torre o outro lado até dourar. Sirva acompanhando o rillette de salmão.

Lula doré com pimenta

A lula fresca não é muito atraente, mas é muito superior à congelada. Pode ser cozida de duas maneiras: bem depressa ou bem devagar – do contrário ela ficará dura.

400 g de lula limpa (1 unidade grande)
1 colher de sopa de farinha de trigo comum
2 colheres de sopa de amido de milho
½ colher de chá de pimenta-do-reino branca em pó
½ colher de chá de pimenta-vermelha em pó
3 colheres de chá de sal marinho
1 pimenta-malagueta grande cortada em fatias finas
um punhado pequeno de folhas frescas de coentro picadas
óleo vegetal, para fritar
gomos de limão-siciliano, para servir

Serve: 4 porções

Corte as lulas no sentido do comprimento em tiras de 2 cm de espessura e então corte cada tira na metade. Misture a farinha de trigo, o amido de milho, as pimentas e o sal em uma tigela grande. Encha uma panela até a metade com o óleo vegetal e aqueça em fogo alto até a superfície do óleo brilhar.

Passe metade dos pedaços de lula na mistura de farinha, chacoalhando para eliminar o excesso. Frite por cerca de 2 minutos, até dourar bem. Tire com uma escumadeira e coloque sobre papel-toalha. Repita com os pedaços de lula restantes. Acrescente as fatias de pimenta ao azeite e frite por alguns segundos. Tire da panela e coloque sobre papel-toalha. Coloque a lula e a pimenta em uma travessa e espalhe o coentro por cima. Sirva ainda quente acompanhada de vários gomos de limão para espremer sobre a lula.

Torrada de camarão com gergelim

Esta pode ser preparada com antecedência e é ideal para receber amigos.

300 g de camarão cru, limpo e sem casca
6 cebolinhas bem picadas
1 colher de sopa de gengibre ralado fino
2 colheres de chá de xerez seco (opcional)
1 colher de chá de molho de soja light
1 clara batida
sal marinho
6 fatias grossas de pão de fôrma
½ xícara de semente de gergelim
aproximadamente 1 xícara de óleo vegetal
ramos de coentro fresco, para decorar

Para a cenoura em conserva

1 cenoura grande ralada grosseiramente
2 colheres de gengibre em conserva (gari)
2 colheres de sopa do suco da conserva de gengibre
½ colher de chá de açúcar
2 echalotas cortadas na diagonal em fatias finas

Rende: 24 unidades

Para preparar a cenoura em conserva, misture a cenoura, o gengibre em conserva e seu suco, o açúcar e a echalota em uma tigela pequena. Reserve.

Coloque os camarões, a cebolinha, o gengibre, o xerez, o molho de soja, a clara e um pouco de sal no processador. Processe até picar grosseiramente.

Tire as cascas do pão e descarte ou guarde para outra finalidade. Corte cada fatia em 4 triângulos. Coloque as sementes de gergelim em um prato. Espalhe cerca de 2 colheres de chá da mistura de camarão sobre cada pedaço de pão, pressionando com cuidado. Passe os triângulos nas sementes de gergelim para cobrir levemente.

Coloque o óleo em uma frigideira rasa e aqueça em fogo médio. Jogue um pedaço de pão para testar se o óleo está quente – se o pão frigir em contato com o óleo, é porque está quente o suficiente. Use uma espátula para colocar as torradas de camarão com cuidado na frigideira, com o lado do camarão para baixo, e frite por 1 minuto. Vire e frite por mais 1 minuto, até dourar. Coloque sobre papel-toalha. Espalhe um pouco de cenoura em conserva sobre cada torrada e decore com um ramo de coentro. Sirva ainda quente

Folhado de panceta e erva-doce

Esta massa é aromatizada com cubos de panceta e semente de erva-doce.

aproximadamente 200 ml de leite
50 g de banha de porco
40 g de fermento biológico fresco ou 1 envelope de fermento biológico seco instantâneo
400 g de farinha de trigo comum
sal marinho
50 g de panceta cortada em cubinhos
1 colher de chá de semente de erva-doce
óleo vegetal ou azeite para fritar

Serve: 8 porções

Aqueça o leite com a banha. Quando a banha derreter, despedace o fermento biológico fresco e mexa até dissolver. Peneire a farinha em uma tigela com uma boa pitada de sal e faça uma cova no centro. Se estiver usando o fermento instantâneo, misture com a farinha nesse momento Despeje a mistura de leite morno e banha, e então acrescente a panceta e a erva-doce. Misture até formar uma massa lisa, acrescentando mais farinha, se necessário. Forme uma bola, cubra e deixe crescer por 2 horas, ou até dobrar de tamanho.

Aqueça o óleo em uma frigideira funda a 180°C – um pedaço de pão amanhecido submerso no óleo deve dourar em poucos segundos. Sove a massa por 1 minuto. Separe pedaços de massa do tamanho de uma noz, cerca de 2 cm, e faça bolinhas. Frite em lotes por cerca de 2-3 minutos, até crescer e dourar. Escorra bem e coloque sobre papel-toalha Espalhe sal por cima e sirva ainda quente.

Blini com salmão defumado e creme azedo

Os blinis, estas deliciosas panquecas, são muito mais saborosas quando preparadas em casa do que as industrializadas. Você pode preparar a massa na noite anterior e deixar que termine de crescer meia hora antes de preparar.

50 g de farinha integral, mais 50 g de farinha de trigo comum
1 colher de chá de sal
125 ml de leite integral
75 ml de *sour cream* (creme azedo)
1 envelope de fermento biológico seco instantâneo
1 ovo grande (gema e clara separadas)
óleo de girassol, para fritar
salmão defumado, para servir
sour cream, para servir
cebolinha picada (opcional)

Rende: 20 unidades

Peneire as farinhas e o sal em uma tigela grande. Aqueça o leite em uma panela até ficar quente ao toque. Acrescente o *sour cream* e o fermento e mexa até ficar homogêneo. Despeje sobre as farinhas, junte a gema e misture bem. Cubra e deixe crescer por 1 hora.

Bata a clara em neve. Incorpore-a à massa, cubra e deixe descansar por 30 minutos. Preaqueça o forno em temperatura mínima.

Para preparar os *blinis*, aqueça uma frigideira de fundo grosso em fogo médio. Unte com papel-toalha embebido em óleo. Coloque 2 colheres de sopa da massa. Depois de 30 segundos, aparecerão bolhas na superfície. Vire o *blini* e cozinhe por 30 segundos do outro lado. Mantenha aquecido no forno enquanto prepara o restante da massa. Sirva com *sour cream*, salmão defumado, pimenta-do-reino e, se desejar, cebolinha.

Brochette de salmão defumado

Quem disse que comida para festa precisa ser difícil e complicada? Esta ideia simples pode ser preparada de manhã, coberta com filme plástico e levada à geladeira até momentos antes de servir (o sabor fica melhor se servido à temperatura ambiente).

250 g de salmão defumado
raspas finas da casca de 2 limões-sicilianos
grãos de pimenta-do-reino amassados

Rende: 12 unidades

Corte fatias de salmão defumado no sentido do comprimento em tiras compridas, cerca de 1 cm de largura por 10 cm de comprimento. (A maioria das fatias renderá cerca de 3 tiras.) Enfie as tiras com cuidado em palitos de dente ou de coquetel.

Disponha os palitos em uma travessa e espalhe por cima as raspas de limão e a pimenta-do-reino amassada.

Saladas e acompanhamentos

Salada grega com feijão-manteiga

Esta é uma versão um pouco diferente da clássica salada grega. O feijão-manteiga é um ingrediente básico da culinária grega, mas geralmente é cozido em um delicioso molho de tomate e servido como antepasto. Seu sabor delicado funciona bem aqui, com queijo feta picante e azeitona.

400 g de tomate-cereja cortado ao meio
50 g de azeitona preta grega kalamata descaroçada e cortada ao meio
folhas frescas de hortelã picadas
folhas frescas de salsinha picadas
500 g de feijão-manteiga cozido e escorrido
3 colheres de sopa de azeite
2 cebolas-roxas cortadas em fatias finas
2 dentes de alho bem picados
3 colheres de sopa de suco de limão-siciliano espremido na hora
200 g de queijo feta cortado em cubos
sal e pimenta-do-reino moída na hora
pão para servir

Serve: 4 porções

Coloque o tomate, a azeitona, a hortelã, a salsinha e o feijão em uma tigela grande e misture bem.

Coloque o azeite em uma frigideira e leve ao fogo médio. Acrescente a cebola e o alho. Quando começarem a fritar, tire do fogo e despeje sobre a mistura de tomate. Adicione o suco de limão e o queijo feta. Tempere a gosto com sal e pimenta-do-reino e misture bem. Sirva à temperatura ambiente com pão.

Fava verde com pecorino e prosciutto

Nesta salada, o contraste entre o sabor fresco da fava verde, o queijo picante e cremoso, mais o prosciutto salgado e frutado, é simplesmente divino.

500 g de fava fresca em vagem ou 175 g de fava congelada
110 g de queijo pecorino jovem
6 fatias de presunto cru (prosciutto crudo)
5 colheres de sopa de azeite
2 colheres de sopa de suco de limão-siciliano espremido na hora
2 colheres de chá de orégano fresco picado
2 colheres de sopa de salsinha picada
uma pitada de pimenta calabresa (opcional)
sal e pimenta-do-reino moída na hora

Serve: 4 porções

Tire os grãos da vagem, escalde-os em água fervente por 20 segundos, escorra e enxague em água corrente; tire a pele e coloque em uma tigela. Se estiver usando favas congeladas, descongele e então tire a pele e coloque em uma tigela.

Corte o pecorino em cubos e o presunto, em tiras; junte-os às favas. Misture o azeite, o suco de limão, o orégano, a salsinha e a pimenta calabresa; despeje sobre a mistura de favas. Mexa bem e tempere a gosto com sal e pimenta-do-reino. Sirva ainda quente.

Salada de lentilha e alcachofra com molho verde

Este molho verde fica delicioso sobre rosbife malpassado, filé de frango grelhado, salmão defumado ou atum grelhado. As alcaparras, as anchovas e os picles duram bastante, então não se deixe intimidar pela longa lista de ingredientes.

200 g de lentilha
400 g de alcachofra grelhada cortada em quatro

Para o molho verde

um punhado de folhas frescas de hortelã
um punhado de folhas frescas de salsinha
um punhado de manjericão fresco
2 colheres de chá de alcaparra escorrida
2 filés de anchova em óleo (opcional)
2 dentes de alho
1 pepino em conserva (aproximadamente 5 cm de comprimento)
3 colheres de sopa de azeite
1 colher de sopa de vinagre de vinho tinto
2 colheres de chá de mostarda de Dijon

Serve: 4 porções

Para preparar o molho verde, bata todos os ingredientes no processador até ficar uma mistura espessa. Reserve.

Cozinhe a lentilha em uma panela grande com água fervente por cerca de 30 minutos, até estar tenra, mas ainda firme. Escorra bem e transfira para uma tigela grande. Acrescente as alcachofras e misture o molho. Sirva logo depois de pronta, pois o molho perde a cor rapidamente.

Salada de feijão, pimentão e halloumi

Depois de cozido, o queijo fica logo borrachudo, então sirva o mais rápido possível.

300 g de feijão-fradinho cozido e escorrido
3 tomates italianos cortados em cubos
1 pimentão vermelho sem sementes e cortado em cubos
folhas frescas de coentro picadas
65 ml de azeite
200 g de queijo halloumi cortado em cubos de 2,5 cm*
2 colheres de sopa de suco de limão-siciliano
1 colher de sopa de vinagre de vinho branco
sal e pimenta-do-reino moída na hora

Serve: 4 porções

Coloque o feijão uma tigela grande e acrescente o tomate, o pimentão, o coentro e metade do azeite.

Aqueça o azeite restante em uma frigideira antiaderente em fogo alto. Acrescente o halloumi e cozinhe por 3-4 minutos, virando com frequência, até dourar bem. Junte à tigela com a mistura de tomate e adicione o suco de limão e o vinagre. Tempere a gosto e sirva imediatamente.

* O queijo halloumi pode ser substituído por queijo coalho ou feta.

Quinoa com fava, ervilha e aspargo

Esta receita é uma celebração dos vegetais, servidos com quinoa.
As cores frescas e vivas tornam o prato visualmente atrativo.

1½ xícara de quinoa
2 colheres de chá de caldo de carne em pó
12 talos de aspargo cortados ao meio
200 g de fava em vagem
200 g de ervilha fresca
um bom punhado de hortelã fresca
um punhado de salsinha fresca
um punhado de tomate-cereja cortado ao meio
raspas e suco de 1 limão-siciliano
200 ml de azeite extravirgem
2 colheres de sopa de xarope de agave
1 colher de sopa de melaço de romã (ou vinagre balsâmico)
sal marinho e pimenta-do-reino moída na hora

Serve: 6 porções

Coloque a quinoa e o caldo de carne em pó em uma panela e cubra com o dobro de seu volume de água. Leve ao fogo alto e, quando levantar fervura, abaixe o fogo e tampe. Cozinhe por cerca de 12 minutos, até absorver toda a água. Desligue o fogo, tire a tampa e deixe a água remanescente evaporar. Passe para uma travessa e deixe esfriar.

Enquanto isso, ferva uma panela com água (o suficiente para cobrir o legume que está cozinhando) e acrescente 2 colheres de chá de sal. Cozinhe os aspargos, as favas e as ervilhas separadamente, cerca de 3-4 minutos cada um. Devem ficar *al dente*. Depois de cozinhar as favas, tire a pele clara de cada grão e descarte.

Em uma tigela grande, misture bem a quinoa, os aspargos, as favas, as ervilhas, os tomates e parte das ervas, reservando o restante para decorar. Acrescente as raspas e o suco de limão, o azeite, o xarope de agave, o melaço de romã (ou o vinagre balsâmico), sal e pimenta-do-reino. Misture novamente, prove e acerte o tempero. Sirva em um prato grande com as ervas restantes espalhadas por cima. Finalize com um fio de azeite.

Aspargo grelhado

Este prato simples fica incrível quando o aspargo é fresco e da estação.
A maionese de nozes acentua ainda mais o sabor.

um punhado de talos de aspargo
azeite extravirgem
raspas de ½ limão-siciliano
sal marinho
um punhado de nozes
um pouco de salsinha fresca picada

Para a maionese de nozes
600 ml de azeite extravirgem
300 ml de óleo de nozes
2 gemas
suco de 1 limão-siciliano

Serve: 2-4 porções

Para fazer a maionese de nozes, misture o azeite e o óleo em uma jarra. Coloque as gemas, o suco de limão e uma pitada de sal no processador ou na batedeira. Assim que começar a bater, despeje pouco a pouco a mistura de óleo e azeite, até começar a emulsionar e encorpar. Depois, você pode despejar o óleo um pouco mais depressa, mas não despeje tudo de uma vez, ou a maionese vai talhar. Leve à geladeira até o momento de usar.

Aqueça uma chapa em fogo alto. Remova a base dos talos de aspargo, onde eles quebram naturalmente. Unte os aspargos com algumas gotas de azeite.

Grelhe os aspargos por cerca de 3 minutos, dependendo da espessura. Vire de vez em quando para grelhar de maneira uniforme. Devem ficar *al dente*.

Arrume os aspargos em um prato e salpique um pouco de sal e de raspas de limão. Cubra com uma boa colherada da maionese de nozes, espalhe as nozes e a salsinha por cima e regue com um pouco de azeite.

Alcachofra com erva-doce

Esta combinação de ingredientes é um excelente acompanhamento para peixes.

3 alcachofras
um ramo de tomilho fresco
um ramo de orégano fresco
3 bulbos de erva-doce
2 limões-sicilianos
2 colheres de sopa de azeite extravirgem, mais um pouco para regar
100 g de folhas de rúcula
1 colher de sopa de salsinha fresca picada
sal marinho e pimenta-do-reino moída na hora

Serve: 4 porções

Preaqueça o forno a 200ºC. Encha uma panela com água suficiente para cobrir as alcachofras (mas não as coloque ainda) e leve ao fogo alto até levantar fervura. Remova os talos das alcachofras, deixando cerca de 4 cm de comprimento desde a base. Com uma faca de serra pequena, elimine o quarto superior da alcachofra; com isso, você chegará ao seu fundo fibroso. Tire as camadas externas de folhas duras até chegar às folhas mais claras. Descasque o talo e a base da alcachofra, de modo que não reste nenhuma camada externa. Agora corte as alcachofras ao meio no sentido do comprimento e retire o miolo espinhoso. Tenha um limão pronto para espremer sobre a casca para que não perca a cor.

Coloque as alcachofras preparadas, o tomilho, o orégano e cerca de 2 colheres de chá de sal na panela de água fervente. Abaixe um pouco o fogo e cozinhe até que fiquem bem macias ao toque de uma faca afiada. Para manter as alcachofras submersas e evitar que percam a cor, coloque uma tampa ou um prato refratário diretamente sobre a superfície da água.

Enquanto isso, corte as pontas dos bulbos de erva-doce e remova a camada externa dura. Corte em quatro e cubra com o azeite. Tempere com sal e transfira para uma assadeira. Corte a casca de 1 limão em pedaços grandes, corte o limão ao meio e acrescente a casca e o suco à erva-doce. Cubra com papel-alumínio e leve ao forno por 35 minutos. Tire o papel-alumínio e asse por mais 10 minutos, até dourar um pouco. Quando as alcachofras estiverem prontas, rale a casca do segundo limão e acrescente a elas com um fio de azeite, reservando um pouco para a rúcula. Tempere a rúcula com as raspas de limão restantes, o suco de meio limão e um pouco de sal e azeite. Espalhe a salsinha por cima e regue com mais azeite.

Salada de risoni, muçarela e manjericão

Este prato é cheio de charme rústico, ingredientes deliciosos e sabores italianos frescos.

um punhado generoso de manjericão fresco picado grosseiramente
20 g de parmesão ralado fino
1 dente de alho
25 g de sopa de pinhões torrados, mais um pouco para decorar
1 colher de sopa de azeite extravirgem
1 xícara de risoni
150 g de muçarela de búfala esmigalhada
50 g de tomate seco, picado
um punhado de rúcula
sal marinho e pimenta-do-reino moída na hora

Serve: 2 porções

No liquidificador, bata o manjericão (reserve algumas folhas para decorar), o parmesão ralado, o alho, os pinhões, o azeite e um pouco de sal e pimenta-do-reino moída na hora, para preparar um pesto fresco.

Leve uma panela pequena de água ao fogo alto e deixe levantar fervura. Acrescente o risoni e cozinhe por 8 minutos, até estar *al dente*. Escorra e resfrie sob água corrente antes de escorrer outra vez.

Em uma tigela grande, misture o risoni e o pesto, mexendo bem; acrescente os pedaços de muçarela, o tomate e a rúcula. Decore com as folhas restantes de manjericão e espalhe os pinhões por cima antes de servir.

Salada de joelho de porco, leguminosas frescas e hortelã com molho cremoso de mostarda

Esta salada é a cara do verão. Joelho de porco, leguminosas frescas, hortelã e mostarda são uma combinação divina em sabor. Deixe o joelho de porco, o broto de ervilha e as folhas de hortelã separadas do molho até a hora de servir, para manter o frescor das ervas e dos brotos.

750 g de batata Jersey Royal nova, lavada e com casca
750 g de fava fresca
750 g de ervilha fresca
500 g de broto de ervilha fresco, sem as pontas
1 ramo de salsinha picada grosseiramente
2 colheres de hortelã fresca picada
180 g de carne de joelho de porco cozida e desfiada
sal marinho e pimenta-do-reino moída na hora
70 g de broto de ervilha para decorar (opcional)

Para o molho cremoso de mostarda

3 colheres de sopa de azeite extravirgem
3 colheres de sopa de vinagre de vinho branco
uma pitada de sal marinho
1 colher de chá cheia de mostarda francesa extraforte
1 colher de chá de *sour cream* (creme azedo)
1 echalota grande (ou 2 echalotas pequenas) cortada em cubinhos

Serve: 4-6 porções

Cozinhe as batatas em uma panela grande com água fervente por 15-20 minutos até estarem bem cozidas. Tire do fogo, escorra e deixe esfriar.

Coloque mais água na panela e ferva novamente; acrescente a fava e, depois de 1 minuto, a ervilha e o broto de ervilha. Cozinhe por mais 1 minuto antes de escorrer, e então transfira para uma panela com água fria para esfriar. Escorra e reserve.

Para o molho, coloque o azeite e o vinagre de vinho branco em uma tigela grande com uma boa pitada de sal e bata com um garfo para dissolver o sal no vinagre. Acrescente a mostarda, o creme azedo e a echalota e misture bem. Coloque as leguminosas e as batatas na tigela com o molho e misture bem.

Logo antes de servir, junte a salsinha, a hortelã e o joelho de porco às leguminosas com o molho e misture. Tempere a gosto com sal marinho e pimenta-do-reino moída na hora e, se desejar, espalhe os brotos de ervilha por cima para decorar.

Salada de feijão cannellini, abacate e hortelã

Se o feijão já estiver cozido, é muito rápido preparar esta salada. Simplesmente misture tudo para obter um prato saudável e delicioso em um piscar de olhos.

800 g de feijão cannellini cozido
2 abacates grandes
4 cebolinhas fatiadas na diagonal
um bom punhado de folhas frescas de hortelã
1 dente de alho amassado
raspas e suco de 1 limão-siciliano
4 colheres de sopa de azeite extravirgem
sal e pimenta-do-reino moída na hora

Serve: 4-6 porções

Escorra e enxague o feijão e coloque em uma tigela. Corte os abacates ao meio, tire o caroço e remova a polpa com uma colher. Fatie no sentido do comprimento e acrescente à tigela.

Junte a cebolinha, as folhas de hortelã (rasgue-as se forem muito grandes), o alho, as raspas e o suco de limão e o azeite. Misture bem e tempere com sal e pimenta-do-reino a gosto. Prove e, se achar necessário, acrescente mais raspas de limão, sal e azeite.

Salada de vagem francesa com trufa

A trufa tem um daqueles sabores sutis e deliciosos que realmente incrementam um prato. Você pode comprar trufas em conserva na seção de ingredientes especiais de um supermercado ou em delicatessens.

750 g de batata baby
220 g de vagem francesa
1-2 colheres de sopa de alcaparra escorrida
um punhado de folhas frescas de estragão picadas grosseiramente
2 trufas pretas pequenas em conserva (opcional)
sal marinho e pimenta-do-reino moída na hora

Para o molho de trufa

1 colher de sopa de vinagre de vinho branco
1 colher de sopa de azeite
1 colher de sopa de mostarda extraforte
2-3 colheres de sopa de azeite trufado

Serve: 8 porções

Cozinhe as batatas em uma panela com água fervente e sal. Depois de cozinhar por 8 minutos, coloque no vapor a vagem francesa e cozinhe as batatas e as vagens por mais 3 minutos. (As batatas devem cozinhar por 10-11 minutos ao todo, até estarem bem macias.) Escorra e enxague as batatas e as vagens em água corrente até esfriarem completamente; escorra bem.

Para o molho, coloque o vinagre e o azeite em um pote ou outro recipiente hermético, acrescente uma pitada generosa de sal, a mostarda extraforte, um pouco de pimenta-do--reino e junte o azeite de trufa; chacoalhe bem.

Misture as vagens e as batatas com as alcaparras e o estragão. Se utilizar as trufas negras, use um descascador de legumes para cortar fatias bem finas sobre a salada e misture bem. Tempere a salada com sal marinho e pimenta-do-reino e regue com o molho de trufa um pouco antes de servir.

Berinjela, lentilha e tomate seco com azeite de hortelã

Quando falamos de lentilha, o segredo está no tempero – muito azeite, suco de limão e sal

300 g de lentilha verde
azeite extravirgem
1 cebola-roxa bem picada
2 dentes de alho amassados
450 ml de caldo de legumes
3 berinjelas cortadas em fatias de 1 cm
1 colher de sopa de xarope de agave
raspas de 1 e suco de ½ limão-siciliano
1 colher de sopa de vinagre de vinho tinto
1 colher de sopa de molho de soja
100 g de tomate seco
um punhado generoso de folhas frescas de hortelã
sal marinho e pimenta-do-reino moída na hora

Serve: 6 porções

Lave e escorra a lentilha. Aqueça 2 colheres de sopa de azeite em uma caçarola grande de fundo grosso em fogo médio. Abaixe um pouco o fogo e refogue a cebola até amolecer e ficar translúcida, mas sem dourar. Junte o alho e refogue por 1 minuto. Acrescente a lentilha e mexa bem. Despeje o caldo de legumes e deixe levantar fervura. Abaixe o fogo, tampe a panela e cozinhe por 25 minutos, até que a lentilha fique macia e absorva a maior parte do caldo.

Enquanto isso, aqueça uma chapa grande em fogo médio. Pincele as fatias de berinjela com azeite de ambos os lados. Acomode-as na chapa e grelhe por alguns minutos. Quando estiverem bem douradas, vire e grelhe por mais alguns minutos, até dourar do outro lado. Devem ficar macias ao toque. Transfira para um prato e tempere com sal. Regue com o xarope de agave e bastante azeite. (A qualidade do azeite é essencial, pois a berinjela absorve tudo e você sentirá realmente o sabor.)

Quando a lentilha estiver pronta, escorra, mas mantenha algumas colheres de sopa do líquido do cozimento. Tempere ainda quente com as raspas e o suco de limão, o vinagre, o molho de soja e um fio generoso de azeite. Mexa bem e deixe esfriar um pouco. Quando estiver à temperatura ambiente, prove e acerte o tempero, se necessário. Junte os tomates. Pique bem fino as folhas de hortelã (reserve algumas para servir) e misture com azeite suficiente para fazer um azeite denso de hortelã. Acomode as fatias de berinjela na lentilha, regue com o azeite de hortelã e espalhe a hortelã restante por cima.

Salada de cenoura, grapefruit e nozes

Esta salada de grapefruit tem cores que seduzem qualquer um, mas ela também é cheia de sabor. Perfeita como acompanhamento ou em um bufê de saladas, todas dispostas lado a lado de maneira suntuosa.

2 *grapefruits* (toranja)
8 cenouras grandes raladas
raspas e suco de 1 limão-siciliano
3 colheres de sopa de xarope de agave
1 colher de sopa de salsinha fresca picada
4 colheres de sopa de azeite extravirgem
2 punhados de nozes recém-descascadas
sal marinho

Serve: 6 porções

Corte os topos de cada *grapefruit* rente à polpa; apoie a fruta em uma das extremidades cortadas e, com cuidado, seguindo a forma da laranja, corte a casca em tiras, de cima para baixo, removendo também a parte branca. Sobre uma tábua, vire-a de lado e corte-a em rodelas de 1 cm, aproveitando o suco que acabará saindo, pois ele também pode ser acrescentado ao prato.

Esprema o excesso de suco das cenouras raladas para evitar que a salada fique muito aguada. Em uma tigela grande, misture as cenouras com os demais ingredientes. Esta deve ser uma salada cítrica e marcante, com a doçura do agave na medida certa. Deixe descansar por 15 minutos para que os sabores se misturem; prove novamente e acerte o tempero com mais suco de limão, salsinha, sal e xarope, se necessário.

Vegetais assados

Leva poucos minutos para colocar estes vegetais e ervas em uma assadeira; então, você pode esquecê-los por 30 ou 40 minutos enquanto o calor do forno revela seus sabores adoráveis. Esse prato combina com tudo – peixe, carne, arroz ou massa.

1 cebola-roxa cortada em gomos
250 g de abobrinha em rodelas
225 g de minimilho
225 g de berinjela em pedaços grandes
1 pimentão vermelho sem semente e cortado em pedaços grandes
1 pimentão amarelo sem semente e cortado em pedaços grandes
16 tomates-cereja
2-4 dentes de alho cortados em fatias finas
1 pimenta-malagueta sem semente picada (opcional)
1½ colher de sopa de azeite
sal e pimenta-do-reino moída na hora
2 colheres de sopa manjericão
1 colher de sopa de alecrim fresco picado
vinagre balsâmico para regar

Serve: 6-8 porções

Preaqueça o forno a 220ºC.

Coloque a cebola, a abobrinha, o minimilho, a berinjela, os pimentões, o tomate, o alho e a pimenta-malagueta em uma assadeira grande antiaderente. Regue com o azeite, tempere com sal e pimenta-do-reino e misture até untar todos os vegetais com azeite. Chacoalhe a assadeira com cuidado para acomodar os vegetais em uma única camada.

Leve ao forno por 30-40 minutos, virando uma ou duas vezes, até que os vegetais comecem a dourar nas bordas.

Tire do forno, espalhe o manjericão e o alecrim por cima e misture bem. Regue com um pouco de vinagre balsâmico e sirva.

Batata assada

A batata é o assado por excelência. Neste prato elas devem ficar crocantes por fora e macias por dentro. Se você espetá-las com um garfo antes, ficarão ainda mais crocantes.

150 ml de creme de leite fresco
½ colher de chá de mostarda em pó picante
½ colher de chá de sal
500 g de batata descascada e cortada ao meio

Serve: 4 porções

Preaqueça o forno a 180ºC.

Coloque em uma tigela o creme de leite, a mostarda e o sal e bata com um garfo. Acomode as batatas em uma assadeira pequena e despeje a mistura de creme por cima. Leve ao forno por 1 hora, regando as batatas com o creme a cada 20 minutos. Sirva com carne ou frango assados. O creme fica amanteigado à medida que assa. Não se preocupe: ao final ficará dourado.

Só para dois

Macarrão com pecorino, pimenta-do-reino e bochecha de porco

Um prato excelente para o fim de semana em que o casal tenha mais tempo para cozinhar.

125 g de toucinho ou bacon
1 colher de sopa de azeite
1 cebola cortada à juliana
300 g de bochecha de porco em cubos
1 colher de sopa de farinha de trigo
1½ colher de pimenta-do-reino moída na hora, mais um pouco para temperar
2 dentes de alho fatiados
1 colher de chá de alecrim picado
1½ xícara de vinho branco
casca de parmesão (opcional)
1½ xícara de água
1 batata cortada ao meio
200 g de macarrão (linguine ou bucatini)
70 g de pecorino ralado para servir
1 colher de chá de noz-moscada ralada

Serve: 2 porções

Refogue o toucinho ou o bacon no azeite até ficar dourado. Acrescente a cebola e refogue por 10 minutos em fogo médio, até ficar transparente.

Polvilhe os pedaços de bochecha de porco com farinha e um pouco de pimenta-do-reino. Aumente o fogo, adicione o porco e refogue até dourar. Acrescente o alho, o alecrim, o vinho branco e as cascas de parmesão, se tiver. Quando o vinho começar a ferver, abaixe o fogo para médio e cozinhe, sem tampa, por 1 hora. Passado esse tempo, acrescente a água se estiver pegando no fundo da panela; tampe e cozinhe por mais 45 minutos.

Em outra panela, ferva água com sal e a batata. O amido da batata aumenta o amido da água do macarrão. Quando levantar fervura, cozinhe o macarrão até ficar *al dente*. Retire a batata e escorra o macarrão, reservando 1 xícara da água do cozimento.

Remova as cascas de parmesão e qualquer pedaço de gordura ou cartilagem que não tiver se desmanchado. Use garfos para desfiar o restante da carne.

Acrescente o pecorino e mais pimenta-do-reino. Junte o macarrão e a água do cozimento, apenas o suficiente para formar um molho. Polvilhe a noz-moscada e um pouco mais de queijo.

Fritada de salmão e aspargo

Este é um prato maravilhoso para deliciar-se com aspargos saborosos.

200 g de aspargo sem as pontas
6 ovos grandes
2 colheres de sopa de *cream cheese*
raspas finas e suco de 1 limão-siciliano
sal e pimenta-do-reino moída na hora
150 g de salmão defumado, cortado em pedaços médios
um punhado de erva-doce fresca picada (ou salsinha, se preferir)
2 echalotas cortadas em cubos
azeite, para fritar

uma frigideira refratária de 23 cm de diâmetro

Serve: 2 porções

Em uma panela, coloque água e sal para ferver e escalfe os aspargos por 1-2 minutos, até ficarem *al dente*. Escorra e imediatamente mergulhe-os em água gelada. Escorra novamente.

Em uma tigela grande, misture os ovos, o *cream cheese*, as raspas, o suco de limão, o sal e a pimenta-do-reino. Incorpore o salmão, a maior parte das ervas e os aspargos.

Preaqueça o forno a 220°C.

Aqueça um pouco de azeite em uma frigideira em fogo médio. Acrescente as echalotas e refogue até ficarem translúcidas. Despeje a mistura de ovos sobre as echalotas. Os aspargos devem ficar bem distribuídos em toda a base da frigideira. Cozinhe por uns 4 ou 5 minutos.

Regue a fritada com um pouco de azeite e então leve a frigideira ao forno por outros 4-5 minutos, até dourar. Tire do forno e deixe esfriar antes de desenformar.

Minipizza toscana

Estas pizzinhas são ótimas para o almoço ou jantar. Se vocês não conseguirem dar conta das seis, guardem uma ou duas para o almoço do dia seguinte.

- 15 g de fermento biológico fresco, 1 colher de sopa de fermento biológico seco ou 1 envelope de fermento biológico seco instantâneo
- uma pitada de açúcar
- 250 ml de água morna
- 350 g de farinha de trigo comum
- aproximadamente 200 ml de azeite extravirgem
- ½ colher de chá de sal
- fatias finas de muçarela, tomate, prosciutto ou presunto cru, cebola-roxa, berinjela, batata ou abobrinha italiana
- filés de anchova, alcaparra ou azeitona preta sem caroço
- farinha de milho fina para untar
- folhas frescas de manjericão, sálvia ou rúcula, para servir

Rende: 6 unidades

Para fazer a massa da pizza, dissolva o fermento fresco com o açúcar em uma tigela pequena, acrescente a água morna e misture. Deixe por 10 minutos até ficar espumoso. Se estiver usando fermento seco, siga as instruções da embalagem. Peneire a farinha em uma tigela grande e faça uma cova no meio. Despeje a mistura de fermento, 1 colher de sopa de azeite e o sal. Misture usando as mãos, até a massa se unir. Vire sobre uma superfície enfarinhada. Sove a massa por 10 minutos, até ficar homogênea, elástica e um pouco macia. Se sentir que está macia demais, amasse com mais um pouco de farinha. Coloque em uma tigela limpa untada com óleo, cubra com um pano de prato úmido e deixe crescer por cerca de 1 hora, até dobrar de tamanho.

Descubra a massa e sove de novo; divida a massa, fazendo 6 bolas e abra cada uma em um círculo bem fino. Acomode em assadeiras untadas com farinha de milho fina. Regue os legumes fatiados com um pouco de azeite e disponha-os sobre os discos, junto com sua escolha de recheio. Tempere bem e regue com mais azeite; leve ao forno preaquecido a 230°C por 15-20 minutos, até dourar e ficar crocante. Espalhe o manjericão, a sálvia ou a rúcula por cima, regue com azeite e sirva imediatamente.

Risoto simples de tomate e manjericão

É difícil competir com um risoto feito com ingredientes frescos. Nesta receita, os tomates maduros e o manjericão adocicado são misturados ao arroz semicozido na manteiga.

- 3 tomates italianos
- 1 litro de caldo de legumes
- 65 ml de vermute seco
- 2 colheres de sopa de manteiga
- 2 colheres de sopa de azeite
- 2 dentes de alho picados
- 1 alho-poró grande fatiado
- 1½ xícara de arroz arbório
- um bom punhado de folhas frescas de manjericão rasgadas grosseiramente
- ½ xícara de parmesão ralado fino
- azeite extravirgem para regar

Serve: 2 porções

Corte os tomates ao meio e descarte o suco e todas as sementes que puder. Corte a polpa em cubinhos e reserve.

Em uma panela média, coloque o caldo e o vermute e leve ao fogo baixo. Em uma panela de fundo grosso, coloque metade da manteiga e o azeite e leve ao fogo médio. Acrescente o alho e o alho-poró e refogue por 4-5 minutos, até amolecer. Adicione o arroz e refogue por 1 minuto, até ficar brilhante.

Incorpore uma concha do caldo quente ao arroz e mexa sempre, até absorver quase todo o líquido. Acrescente mais caldo aos poucos, mexendo sempre, até absorver quase todo o líquido. Continue assim até usar todo o caldo e o arroz ficar *al dente*.

Misture os tomates, o manjericão, o parmesão e a manteiga restante. Regue com azeite e sirva imediatamente.

Escalope de peru

Este prato impressionante e simples de preparar rende uma bela refeição para duas pessoas. A casca crocante do escalope de peru derrete na boca e a salada verde de batata com hortelã fresca e cream cheese é um acompanhamento leve, mas saboroso. Sirva com uma garrafa de Sauvignon Blanc bem gelado para um jantar elegante e fácil.

4 filés de peito de peru
25 g de farinha de trigo com fermento
½ colher de chá de sal marinho fino
½ colher de chá de pimenta-do-reino moída na hora
75 g de farinha de rosca
um punhado de salsinha picada fino
raspas de ½ limão-siciliano
1 ovo batido com ½ colher de sopa de água fria
óleo vegetal para fritar

Para a salada verde de batata

um punhado de folhas frescas de salsinha
um punhado de folhas frescas de hortelã
1 dente de alho amassado
6 colheres de sopa de azeite extravirgem
300 g de batata
um punhado de espinafre baby
3 cebolinhas picadas
1 abobrinha italiana fatiada em tiras finas no sentido do comprimento
1 colher de sopa de *cream cheese*

uma assadeira forrada com papel-manteiga

Serve: 2 porções

Preaqueça o forno a 140°C.

Disponha os filés de peru entre 2 pedaços de papel-manteiga. Use um rolo de macarrão para achatá-los até ficarem com 5 mm de espessura.

Coloque a farinha, o sal e a pimenta-do-reino em um prato. Em outro prato, coloque a farinha de rosca, a salsinha e as raspas de limão.

Passe os filés pela farinha e bata o excesso. Mergulhe no ovo e então passe pela farinha de rosca. Coloque os escalopes em um prato e leve à geladeira por 30 minutos.

Para o molho, coloque a salsinha, a hortelã, o alho e o azeite no liquidificador e bata até misturar bem.

Coloque as batatas em uma panela com água e sal. Deixe ferver e cozinhe por 10 minutos, até ficarem macias. Escorra e tampe a panela. Misture o espinafre, a cebolinha e a abobrinha e acrescente às batatas. Junte o *cream cheese* e o molho de ervas. Misture e sirva quente ou morno.

Para fritar os escalopes, despeje óleo em uma frigideira até atingir 1,5 cm de altura Aqueça em fogo médio-alto e teste a temperatura polvilhando um pouco de farinha de rosca no óleo (ela deve frigir). Abaixe o fogo para médio e coloque um escalope. Se quiser que a casca fique bem aderida à carne, cozinhe por 2 minutos, então vire e cozinhe por mais 1 minuto. Se preferir mais fofinha, agite a panela com cuidado para que ondas de óleo quente cubram o escalope. Isso ajudará a criar o vapor que a deixará fofinha. Retire o escalope frito, coloque sobre papel-toalha e deixe-o no forno, enquanto frita os restantes. Sirva com a salada verde de batata.

Costelinha de porco em fogo lento

Você precisará de uma grelha ou churrasqueira elétrica para finalizar estas costelinhas incrivelmente suculentas.

1,8 kg de costelinha de porco (já separadas)

Para a marinada

300 ml de molho barbecue
100 ml de ketchup
1 colher de sopa de mostarda inglesa
1 colher de sopa de gengibre ralado
1 colher de sopa de alho picado
½ colher de sopa de pimenta-de-caiena
2 colheres de sopa de compota de laranja diluída em 1 colher de sopa de água fervente
150 ml de suco de laranja
3 colheres de sopa de vinagre de vinho tinto

Para o ruibarbo em conserva

2 talos de ruibarbo
2 colheres de sopa de açúcar
1½ colher de chá de sal marinho

Serve: 2 porções

Na noite anterior, prepare a marinada em um recipiente grande com tampa. Misture todos os ingredientes, menos ½ xícara de molho barbecue e o vinagre. Adicione as costelinhas, tampe e leve à geladeira até o dia seguinte.

Preaqueça o forno a 120°C e coloque as costelinhas, a marinada e o vinagre em uma caçarola grande. Asse por 7 horas tampado. Aproximadamente a cada 2 horas, mexa as costelinhas para garantir que todas estejam bem besuntadas. Se soltar muita gordura, você pode tirar um pouco do líquido do cozimento com uma concha e levar à geladeira por 2 horas; então retire a gordura solidificada de cima e retorne o líquido para a panela.

Enquanto isso, prepare a conserva. Lave os talos de ruibarbo e remova as pontas irregulares. Corte o ruibarbo restante em fatias finas. Polvilhe com açúcar e sal. Misture até cobrir bem. Reserve por 1-2 horas. Quando o ruibarbo estiver brando, escorra o líquido e enxague rapidamente em um escorredor para eliminar o excesso de sal e de açúcar.

Uma hora antes de servir, retire as costelinhas do líquido do cozimento, transfira para uma travessa e cubra com papel-alumínio para não secar. Aqueça a grelha ou churrasqueira elétrica. Antes de grelhar, regue as costelinhas com o molho barbecue restante, diluído com algumas colheres de sopa do líquido do cozimento. Grelhe as costelinhas até ficarem crocantes e um pouco chamuscadas por fora.

Sirva com o ruibarbo em conserva e salada verde. E guardanapos para limpar as mãos.

Sanduíche nova-iorquino de pastrami

Este sanduíche tradicional passou por várias transformações ao longo dos anos.

4 fatias de um bom pão de centeio
6 fatias de pastrami
2 colheres de sopa de chucrute
1 pepino em conserva fatiado fino
75 g de *gruyère* fatiado
sal e pimenta-do-reino moída na hora

Para o molho russo

2 colheres de chá de maionese
2 colheres de chá de ketchup
1 colher de chá de molho de raiz-forte
uma pitada de mostarda em pó

Serve: 2 porções

Comece pelo preparo do molho. Misture todos os ingredientes em uma tigela pequena e reserve.

Para montar os sanduíches, comece espalhando uma camada generosa de molho russo em 2 fatias de pão. Coloque 3 fatias de pastrami em cada pão, junto com uma boa colherada de chucrute e algumas fatias de pepino. Regue com um pouco mais de molho russo e cubra com as fatias de *gruyère*. Tempere com sal e pimenta-do-reino e cubra com outra fatia de pão. Use palitos de dente para segurar tudo no lugar, mas lembre-se de tirá-los antes de comer.

Sardinha com Campari, pêssego e erva-doce

Este prato extraordinário usa o amargor do Campari como um contraste perfeito para a doçura dos pêssegos frescos e o sal do peixe.

6 sardinhas ou 2 filés de cavala
2 pêssegos maduros, porém firmes, sem caroço
2 colheres de sopa de Campari
3 colheres de sopa de azeite
1 colher de chá de sal marinho
1 colher de sopa de migalhas de pão
um punhado de *croutons* (torre uma fatia de pão italiano e quebre em pedaços menores)
1 bulbo de erva-doce cortado em fatias finas, reservando os talos com as folhas
um punhado de folhas frescas de hortelã
1 colher de chá de pimenta-do-reino
um punhado de azeitona preta sem caroço

Serve: 2 porções

Se optar pela sardinha, limpe-a completamente antes de começar o preparo. Disponha os filés como um livro aberto e coloque sobre uma tábua com a pele para cima. Pressione com a mão ao longo da espinha dorsal para achatá-los. Vire o peixe e retire a espinha, cortando a cauda. Por fim, retire os espinhos que restarem.

Com um ralador fino, rale um dos pêssegos em uma tigela e acrescente o Campari. Reserve metade dessa mistura em outra tigela. Marine o peixe em metade da mistura por 20 minutos.

Aqueça uma frigideira ou grelha em fogo alto. Acrescente 1 colher de sopa de azeite, o sal e uma camada de migalha de pão. Isso ajudará a evitar que a carne do peixe grude. Grelhe o peixe por 4 minutos de um lado, até a carne ficar opaca. Vire e grelhe por 2 minutos do outro lado. Acrescente os *croutons* à panela para torrá-los mais um pouco.

Corte o pêssego restante em fatias. Misture com a erva-doce, os *croutons*, as folhas de hortelã e a pimenta-do-reino. Bata com um garfo a mistura de Campari e pêssego reservada com o azeite restante e despeje sobre a salada de erva-doce. Misture bem. Sirva os filés de peixe sobre a salada. Decore com folhas de erva-doce e azeitonas pretas.

Camarão na sangria

Uma receita perfeita para um jantar ou almoço de fim de semana no verão. E pode ser preparada em maior quantidade se houver mais convidados além de vocês dois.

700 g de camarão fresco (ou 350 g de camarão descascado)
1 laranja
250 ml de vinho tinto frutado
1 colher de chá de açúcar (opcional)
160 ml de azeite
casca de ½ limão-siciliano
6 dentes de alho (4 cortados em fatias finas, 2 amassados)
½ pimenta-malagueta picada
½ maçã verde pequena cortada em cubos
um punhado de hortelã fresca picada grosseiramente
sal e pimenta-do-reino moída na hora
pão, para servir

Serve: 2 porções

Preaqueça o forno a 200ºC.

Corte a cabeça dos camarões e retire a casca e as patas. Deixe a cauda para que o prato tenha uma apresentação mais elegante. Corte o dorso com uma faca e retire a veia de fel. Reserve-os em uma tigela.

Usando um descascador de legumes, corte 3 tiras compridas da casca de laranja (use metade da casca da laranja), coloque-as em uma panela e acrescente o vinho tinto. Aqueça em fogo alto até reduzir a ⅔ e o vinho virar uma calda. Prove e, se estiver muito ácido, adicione o açúcar. Coloque os camarões em uma assadeira e despeje o azeite por cima. Sobre eles, raspe o que sobrou da casca de laranja e a casca de limão. Acrescente o alho e a pimenta-malagueta.

Cubra com papel-alumínio e leve ao forno por cerca de 15-18 minutos (quanto maiores os camarões, mais tempo levarão). Quando assados, os camarões devem estar rosados e firmes, e não duros ao toque. Regue-os com a calda de vinho tinto e espalhe a maçã em cubos e a hortelã picada sobre eles. Tempere com sal e pimenta-do-reino.

Sirva acompanhados de pão para molhar na calda de vinho.

Mexilhão, erva-doce e grão-de-bico em vinho rosé

Este prato é uma celebração do sul da França, com a doçura agradável dos mexilhões e da erva-doce e o sabor amendoado do grão-de-bico.

1 kg de mexilhão
1 colher de sopa de azeite
3 dentes de alho cortados em fatias finas
1 bulbo de erva-doce cortado em cubinhos
400 g de grão-de-bico cozido e escorrido
200 ml de vinho rosé seco
4 colheres de sopa de salsinha picada
pão para mergulhar

Serve: 2 porções

Coloque os mexilhões em uma tigela com água fria. Descarte todos aqueles que estiverem abertos e não se fecharem ao batê-los contra a lateral da pia. Remova a "barba" de cada mexilhão.

Aqueça o azeite em uma panela de fundo grosso. Refogue o alho e a erva-doce em fogo médio, até ficar translúcida. Adicione o grão-de-bico e misture, cobrindo bem com o azeite. Acrescente os mexilhões, o vinho e metade da salsinha. Diminua o fogo e tampe. Cozinhe por 5 minutos, até todos os mexilhões se abrirem (descarte aqueles que continuarem fechados).

Sirva os mexilhões, o grão-de-bico e o caldo em 2 tigelas. Espalhe a salsinha restante por cima. Coloque o pão no centro da mesa, junto com uma tigela extra para as conchas.

Linguado com erva-doce, azeitona e tomate

Este prato delicado é delicioso servido com erva-doce e tomate. No entanto, não deixe de averiguar a procedência do peixe, se a pesca é sustentável. Procure o rótulo azul da MSC ou se informe em sua peixaria.

2 bulbos de erva-doce
azeite extravirgem
sal marinho e pimenta-do-reino moída na hora
½ limão-siciliano
125 g de tomate italiano
vinagre de vinho tinto
um ramo de salsinha fresca bem picada
1 dente de alho bem picado
2 filés de linguado com pele (de 150 g cada um)
1 colher de sopa de azeitona preta e verde sem caroço

Serve: 2 porções

Preaqueça o forno a 200°C.

Corte a base e as folhas dos bulbos de erva-doce e remova a camada externa dura. Corte em quatro, coloque em uma tigela e cubra com pelo menos 2 colheres de sopa de azeite. Tempere com uma boa pitada de sal e transfira para uma assadeira. Corte a casca de ½ limão em pedaços grandes e incorpore à erva-doce. Cubra com papel-alumínio e leve ao forno por cerca de 35 minutos (ou mais, se os bulbos forem grandes), até ficarem tenras. Uma faca afiada deve deslizar até o meio sem qualquer resistência. Retire o papel-alumínio e asse por mais 10 minutos, até começarem a dourar.

Misture os tomates com azeite suficiente para banhá-los por inteiro, tempere bem com sal e ½ colher de sopa de vinagre. Em uma assadeira à parte, leve ao forno com a erva-doce até a pele dos tomates se abrir – cerca de 15 minutos. Controle o tempo para que a erva-doce e os tomates terminem de cozinhar mais ou menos ao mesmo tempo. Enquanto os legumes assam, misture a salsinha e o alho com azeite suficiente – cerca de 2 ou 3 colheres de sopa – para fazer um azeite de salsinha espesso. Acrescente as azeitonas e tempere com uma pitada de sal.

Quando os legumes estiverem assados, desligue o forno e deixe-os descansar no calor residual.

Coloque 1 colher de sopa de azeite em uma panela e aqueça em fogo médio. Tempere os filés de linguado com sal e pimenta-do-reino e regue ambos os lados dos filés com azeite. Quando a panela estiver quente, coloque os 2 filés, com a pele para baixo. Frite por cerca de 2-3 minutos, então vire e frite por mais 2-3 minutos (dependendo da espessura do filé), até estarem bem cozidos.

Para montar o prato, sirva a erva-doce intercalada com os tomates e coloque um filé de linguado sobre eles, com a pele para cima. Misture o azeite de salsinha e despeje uma boa colherada sobre o peixe, a erva-doce e os tomates. Não se esqueça das azeitonas. Sirva imediatamente.

Frango com molho de feijão-amarelo e pimentões coloridos

Ideal para uma reunião rápida e casual, este não é só mais um salteado – o sabor característico do molho de feijão e da combinação colorida de pimentões faz deste um prato memorável.

2 peitos de frango grandes sem pele cortados em pedaços de 2,5 cm
1 colher de sopa de óleo de amendoim
1 pimentão vermelho sem semente cortado em fatias finas
1 pimentão amarelo sem semente cortado em fatias finas
2 colheres de sopa de molho de feijão--amarelo
½ colher de sopa de molho de soja claro
70 ml de caldo de galinha
2 colheres de chá de amido de milho
arroz cozido misturado com óleo de gergelim torrado para servir
1 colher de sopa de lascas de amêndoa levemente torradas para decorar (opcional)

Para a marinada

½ colher de sopa de vinho de arroz chinês ou xerez seco
1 colher de sopa de molho de soja claro
1 colher de chá de óleo de gergelim torrado
½ colher de chá de açúcar
1 colher de chá de gengibre ralado fino
uma pitada de pimenta calabresa

Serve: 2 porções

Coloque todos os ingredientes da marinada em uma tigela, acrescente os pedaços de frango e misture bem. Tampe e leve à geladeira por 10-15 minutos.

Aqueça o óleo em um wok ou uma frigideira grande e salteie o frango em fogo alto por 3-4 minutos, até dourar. Retire do wok e reserve.

Adicione os pimentões ao mesmo wok e salteie em fogo alto por 2 minutos. Coloque o frango de volta e acrescente o molho de feijão-amarelo. Cozinhe por 1 minuto, mexendo de vez em quando.

Enquanto isso, misture o molho de soja, o caldo de galinha e o amido de milho em uma tigela com 2 colheres de sopa de água. Mexa até ficar homogêneo, e então despeje no wok. Cozinhe em fogo brando até o molho engrossar e o frango estar bem cozido.

Divida em 2 tigelas e sirva com o arroz. Se desejar, decore com amêndoas.

Salmão com purê de wasabi e acelga

O ardor do wasabi é uma ótima maneira de tornar mais interessante um purê de batatas comum, e o sabor realmente combina com salmão marinado em molho de soja.

3 colheres de sopa de molho de soja
óleo de gergelim torrado
1 colher de sopa de xarope de agave
suco de 1 limão espremido na hora
2 filés de salmão
500 g de batata
100 g de acelga-chinesa, cortada ao meio no sentido do comprimento
azeite extravirgem
100 ml de sopa de creme de soja
1 cebolinha
pasta ou pó de wasabi
1 colher de chá de gergelim torrado
sal marinho

Serve: 2 porções

Misture o molho de soja, 1 colher de sopa de óleo de gergelim, o xarope de agave e o suco de limão em um saco hermético. Coloque os filés de salmão dentro dele, feche o saco e deixe marinar por pelo menos 20 minutos, ou por algumas horas, se você tiver tempo.

Cozinhe as batatas em uma panela com água e sal até amolecerem. Enquanto isso, coloque água para ferver em outra panela, adicione uma pitada de sal e cozinhe a acelga-chinesa por alguns minutos, até ficar macia. Escorra e tempere com um fio de azeite e algumas gotas de óleo de gergelim. Quando as batatas estiverem cozidas, escorra e coloque um pano de prato seco por cima para absorver toda a umidade. Depois, descasque-as, puxando a pele. Acrescente o creme de soja, um fio generoso de azeite e a cebolinha e amasse até ficar homogêneo. Tempere com sal e adicione com cuidado um pouco de pasta ou pó de wasabi. Deve ficar forte o suficiente para que se possa sentir seu sabor.

Quando o purê estiver pronto, grelhe o salmão (reservando a marinada) em fogo médio por 3-4 minutos, vire e grelhe do outro lado até ficar bem cozido. Mais ou menos 1 minuto antes de terminar, acrescente a marinada restante. Deixe borbulhar e tire do fogo. Coloque o purê no prato e acomode o salmão e a acelga por cima. Polvilhe o gergelim.

Lombo à moda tailandesa

O lombo de porco recebe o toque picante dos clássicos aromas tailandeses, e o coco ralado torrado é o complemento perfeito para este salteado incrivelmente saboroso.

2-3 colheres de sopa de coco ralado fresco
300 g de lombo de porco cortado em filés
sal e pimenta-do-reino moída na hora
1 colher de sopa de óleo vegetal
1 pedaço de 1,5 cm gengibre
1 dente de alho cortado em fatias finas
2 pimentas-malaguetas inteiras
½ talo de capim-limão, descartando 3 cm da base e as folhas externas mais duras
½ colher de sopa de molho de peixe tailandês
1 colher de sopa de molho de pimenta tailandês
um pouco de manjericão doce tailandês
arroz ou talharim cozido para servir

Serve: 2 porções

Aqueça um wok ou uma frigideira grande até ficar bem quente. Acrescente o coco ralado e torre em fogo alto até dourar. Retire do wok e reserve.

Coloque os filés de lombo de porco entre 2 folhas grandes de filme plástico e achate com um rolo de macarrão até ficarem com cerca de 2 cm. Corte em tiras bem finas e tempere com sal marinho e pimenta-do-reino. Aqueça o óleo em um wok ou uma frigideira grande até ficar bem quente; sele o lombo, acrescentando mais óleo se necessário. Retire do wok e reserve.

Adicione o gengibre, o alho, a pimenta-malagueta e o capim-limão ao wok e salteie por 1 minuto. Coloque o porco novamente e salteie por 1 minuto. Acrescente o molho de peixe e o molho de pimenta e misture bem. Salteie por 2 minutos, ou até o porco estar completamente cozido. Tire do fogo e misture com o manjericão doce tailandês. Divida em 2 pratos e sirva em seguida, acompanhado de arroz ou talharim e decorado com o coco tostado.

Chow mein de carne

Chow mein é um clássico macarrão salteado que deveria fazer parte do repertório de todo amante de culinária. Trate esta receita como um guia básico ao qual você pode adicionar seu próprio toque. Experimente variar os legumes ou substituir a carne por frango e até mesmo por tofu.

300 g de contrafilé sem gordura cortado em bifes bem finos
300 g de macarrão para *yakisoba*
1½ colher de sopa de óleo de amendoim
3 cebolinhas bem picadas (a parte branca e a verde separadas)
170 g de acelga-chinesa picada em pedaços de 2 cm (os talos e as folhas separados)
1 pimenta-malagueta cortada em rodelas finas para decorar (opcional)

Para a marinada

1½ colher de sopa de molho de soja escuro
½ colher de sopa de vinho de arroz chinês
½ colher de chá de açúcar
1 dente de alho amassado
1 colher de chá de gengibre ralado fino
2 colheres de chá de amido de milho

Para o molho

2 colheres de sopa de molho de ostra
200 ml de caldo de galinha
1 colher de sopa de molho de soja claro
1 colher de sopa de molho de soja escuro
2 colheres de chá de amido de milho

Serve: 2 porções

Coloque a carne em uma tigela, acrescente todos os ingredientes da marinada, misture bem e reserve.

Leve ao fogo uma panela com água. Quando levantar fervura, acrescente o macarrão e escalfe por 2-3 minutos. Escorra e enxague com água fria corrente. Reserve.

Misture todos os ingredientes do molho em uma tigela e reserve.

Aqueça 1 colher de sopa de óleo em um wok ou uma frigideira grande até esquentar bem. Acrescente a carne marinada em 2 lotes e salteie em fogo alto por 2-3 minutos, até ficar bem selada. Retire a carne do wok e reserve.

Aqueça o restante do óleo no wok, adicione a parte branca da cebolinha e salteie por apenas 30 segundos. Acrescente os talos da acelga-chinesa e salteie por 2 minutos. Despeje o molho e deixe ferver. Deixe borbulhar por 1 minuto; coloque a carne de volta no wok e misture.

Coloque o macarrão escorrido no wok e salteie por 1-2 minutos, até o macarrão ficar macio. Divida o chow mein em 2 tigelas, decore com a cebolinha restante e, se desejar, a pimenta-malagueta. Sirva imediatamente.

Curry de grão-de-bico e espinafre

Pratos à base de grão-de-bico são excelentes, e a leguminosa funciona muito bem neste curry picante.

1 cebola picada grosseiramente
1 dente de alho fatiado
1 colher de chá de gengibre picado
1 colher de sopa de azeite
1 colher de sopa de pasta de curry suave
200 g de tomate picado
½ lata de grão-de-bico escorrido
250 g de folhas de espinafre picadas
um punhado de folhas frescas de coentro picadas
pão indiano (como naan ou roti) para servir

Serve: 2 porções

Em um processador, bata a cebola, o alho e o gengibre até ficarem bem triturados. Aqueça o azeite em uma frigideira em fogo alto. Adicione a mistura de cebola e refogue por 4-5 minutos, até dourar. Acrescente a pasta de curry e refogue por apenas 2 minutos, até soltar o aroma.

Incorpore os tomates, ½ xícara de água fria e o grão-de-bico. Deixe ferver, então abaixe o fogo para médio e cozinhe, destampado, por 10 minutos. Junte o espinafre e cozinhe só até murchar.

Acrescente o coentro e sirva com o pão indiano de sua preferência.

Rogan Josh (cordeiro no iogurte)

Este guisado de cordeiro assado devagar é perfeito para um jantar íntimo e despreocupado.

2 colheres de sopa de óleo de girassol
400 g de paleta de cordeiro desossada cortada em pedaços
1 cebola grande cortada em fatias grossas
2 dentes de alho amassados
1 colher de chá de gengibre ralado fino
1 pau de canela
1 colher de chá de pimenta-vermelha em pó
1 colher de chá de páprica
3 bagas de cardamomo
2 colheres de sopa de pasta de curry
200 g de tomate picado
3 colheres de sopa de extrato de tomate
½ colher de chá de açúcar
200 ml de caldo de cordeiro
2-3 batatas inteiras descascadas
folhas frescas de coentro para decorar
iogurte natural batido para regar

Serve: 2 porções

Aqueça metade do óleo de girassol em uma caçarola grande de fundo grosso e refogue o cordeiro, por 3-4 minutos, até dourar de maneira uniforme. Retire com uma escumadeira e reserve.

Acrescente o óleo restante à panela e junte a cebola. Refogue em fogo médio por 10-12 minutos, mexendo com frequência, até ficar macia e começar a dourar.

Adicione o alho, o gengibre, a canela, a pimenta, a páprica e as bagas de cardamomo. Refogue por 1-2 minutos, e então adicione a pasta de curry e o cordeiro. Refogue por 2-3 minutos e incorpore os tomates, o extrato de tomate, o açúcar, o caldo e as batatas. Abaixe o fogo para o mínimo e tampe bem. Cozinhe em fogo brando por 2h-2h30, até o cordeiro começar a desmanchar.

Tire do fogo e decore com coentro e um fio de iogurte.

Para alimentar um batalhão

Tortinha de macarrão parmesão e tomate-cereja

Esta é uma versão da clássica tortinha escocesa de macarrão. Este tipo de torta sempre tem uma borda mais alta que o recheio, proporcionando espaço para acrescentar purê de batata, feijão assado ou molho. É deliciosa se servida quentinha, logo que sai do forno.

1 receita de massa podre com banha de porco (ver abaixo)
110 g (aproximadamente 1 xícara) de macarrão seco curto (como mini rigatoni, fusilli, tubetti ou macaroni)
3 colheres de sopa de manteiga
2½ colheres de sopa de farinha de trigo comum
uma pitada de pimenta-de-caiena
uma pitada de mostarda em pó
350 ml de leite
100 g de cheddar ralado
30 g de tomate italiano ou tomate-cereja cortado ao meio
50 g de parmesão ralado
sal e pimenta-do-reino moída na hora

6 ramequins de borda lisa de 10 cm de diâmetro

Para a massa podre

450 g de farinha de trigo comum
1 colher de chá de sal
2 ovos batidos
160 g de banha de porco (ou metade banha, metade manteiga)
100 ml de água
100 ml de leite

A massa rende cerca de 900 g (o suficiente para fazer 2 tortas fechadas decoradas ou 6-8 bases para tortinhas de 10 cm de diâmetro)

Serve: 6 unidades

Comece fazendo a massa para torta no dia anterior, seguindo o preparo a seguir e, enquanto a massa gela, cubra os *ramequins* com filme plástico.

Peneire a farinha e o sal em uma tigela. Faça uma cova no meio e despeje os ovos, colocando um pouco de farinha por cima.

Coloque a banha (e a manteiga), o leite e a água em uma panela e leve ao fogo baixo até levantar fervura. Não deixe ferver antes de a gordura derreter. Despeje o líquido fervente na farinha e misture usando uma faca sem ponta.

Vire sobre uma superfície levemente enfarinhada e sove com cuidado até ficar homogênea. Embrulhe em filme plástico e leve à geladeira por pelo menos 30 minutos antes de abrir e usar na receita.

Divida a massa em 6 pedaços. Em uma superfície levemente enfarinhada, abra cada pedaço até ficar bem fino, cubra o lado externo de cada forminha e alise delicadamente para ajustar. Não se preocupe com as bordas desiguais – elas serão recortadas mais tarde Coloque em uma bandeja e leve à geladeira ou ao freezer por 30 minutos. Quando estiver firme, use uma faca afiada para recortar a massa em cada ramequin de modo que tenha 5 cm de profundidade. Com cuidado, tire a massa dos *ramequins* e remova o filme plástico. Coloque as massas em uma bandeja e deixe secar em um lugar frio e seco por 24 horas.

Preaqueça o forno a 200°C.

Cozinhe o macarrão de acordo com as instruções da embalagem. Enquanto isso, derreta a manteiga em uma panela média e junte a farinha, a pimenta-de-caiena e a mostarda em pó, mexendo por 1 minuto. Tire do fogo. Despeje o leite e misture bem. Leve de volta ao fogo e mexa até ferver. Cozinhe, mexendo o tempo todo, por mais 2 minutos.

Escorra bem o macarrão e junte ao molho. Tempere a gosto e acrescente o cheddar ralado. Reserve e deixe amornar.

Distribua o molho nas massinhas secas, deixando espaço suficiente para colocar os tomates. Acomode as metades de tomate na superfície das tortinhas e espalhe parmesão por cima. Coloque as tortinhas em uma assadeira rasa e leve ao forno por 10-15 minutos para firmar a massa. Abaixe a temperatura do forno para 180°C e asse por mais 20 minutos, até a massa dourar e o recheio borbulhar.

Tortinha folhada de frango

Esta adaptação de uma receita clássica foi concebida para ser algo reconfortante e rápido de preparar, e por isso usa creme de leite fresco em vez de molho branco.

4 colheres de sopa de manteiga
1 alho-poró grande fatiado
2 cenouras cortadas em cubos
450 g de peito de frango desossado e sem pele cortado em cubos
cerca de 8 folhas frescas de estragão picadas
3 colheres de sopa de salsinha fresca picada
150 g de ervilha fresca ou congelada
250 ml de creme de leite fresco
1 receita de massa folhada básica
2 gemas batidas com uma pitada de sal para pincelar
sal e pimenta-do-reino moída na hora

4 forminhas refratárias de 250 ml cada uma

Para a massa folhada básica
250 g de farinha de trigo comum
uma pitada de sal
150 g de sopa de manteiga gelada sem sal
cerca de 150 ml de água gelada

A massa rende cerca de 550 g (o suficiente para forrar uma fôrma de torta ou fazer uma base de 30 cm de diâmetro) ou 4 tortinhas individuais

Serve: 4 unidades

Comece fazendo a massa folhada básica.

Peneire a farinha e o sal em uma tigela grande. Corte a manteiga em cubinhos e misture na farinha com uma faca sem ponta, para que os pedaços sejam distribuídos. Despeje a água sobre a superfície; misture com a faca até formar uma massa irregular.

Vire sobre uma superfície levemente enfarinhada e sove com cuidado até formar uma bola irregular, um pouco grumosa. Achate a bola com a palma da mão e embrulhe em filme plástico. Leve à geladeira por 30 minutos, até firmar.

Abra a massa em um retângulo grande, com o comprimento aproximadamente três vezes maior que a largura (não se preocupe com medidas exatas, mas deve ter cerca de 1 cm de espessura). Marque a massa com uma faca sem ponta em 3 seções iguais. Agora dobre o terço mais próximo de você sobre o terço do meio. Elimine o excesso de farinha com um pincel de cozinha, e então traga o terço superior sobre os outros dois.

Dobre a massa ao meio da esquerda para a direita de modo que pareça um livro fechado. Feche as pontas pressionando-as levemente com um rolo de macarrão para impedir que deslizem e percam a forma. Agora abra a massa, sempre para longe de você e em uma única direção, até ficar com o mesmo tamanho que o retângulo inicial. Dobre o terço inferior e o superior como antes, embrulhe em filme plástico e leve à geladeira por 15 minutos. Repita esse processo mais quatro vezes, e a massa estará pronta para ser usada na receita.

Derreta a manteiga em uma panela média e acrescente o alho-poró e a cenoura. Refogue até estarem macios e bem cozidos. Junte o frango, mexa bem e refogue até estar bem cozido. Adicione o estragão e a salsinha, seguido da ervilha e do creme de leite. Deixe levantar fervura, tire do fogo e reserve.

Abra a massa sobre uma superfície levemente enfarinhada e corte quatro discos com diâmetro maior que o diâmetro das forminhas refratárias.

Distribua o recheio de frango igualmente entre as forminhas, pincele as bordas com um pouco de gema batida e cubra cada uma delas com um disco de massa. Pressione a massa firmemente contra as bordas das forminhas para fechar. Você talvez prefira dobrar as bordas ou usar um garfo, mas mantenha o acabamento casual. (A tampa precisa ter um buraco – a massa folhada cresce, formando um domo.) Pincele com gema batida e leve à geladeira por pelo menos 30 minutos.

Preaqueça o forno a 200°C. Tire as tortinhas da geladeira, pincele com mais gema batida (com um pouco de água ou leite, se estiver muito espessa) para dar um belo brilho; acomode-as em uma assadeira grande. Leve ao forno por cerca de 20 minutos, até a superfície da massa estufar e dourar e o interior das tortinhas estar bem quente.

Macarrão de forno com salmão, manjericão e parmesão

Sirva esta receita substanciosa e nutritiva com vegetais verdes frescos.

um punhado de sal marinho grosso
500 g de macarrão curto à sua escolha (como penne ou rigatoni)
500 g de salmão sem pele e sem espinho
600 ml de creme de leite fresco
folhas frescas de manjericão picadas, reservando algumas inteiras para servir
200 g de cheddar ralado
100 g de parmesão ralado
50 g de farinha de rosca
sal marinho fino e pimenta-do-reino moída na hora

Serve: 6-8 porções

Cozinhe o macarrão de acordo com as instruções da embalagem. Preaqueça o forno a 200°C.

Disponha os filés de salmão em uma única camada em uma assadeira e leve ao forno até estarem bem assados. Tire do forno e deixe esfriar um pouco. Mantenha o forno ligado.

Coloque o creme de leite e o manjericão picado em uma panela e leve ao fogo até levantar fervura, mexendo de vez em quando. Tire do forno, acrescente os queijos e misture bem para derreter.

Desfie o salmão e coloque em uma tigela grande. Acrescente o macarrão cozido, despeje o molho quente por cima e mexa bem. Prove e acerte o tempero. Transfira a mistura de macarrão para uma fôrma refratária e espalhe de maneira uniforme. Moa pimenta-do-reino e espalhe a farinha de rosca fresca por cima. Leve ao forno por 5-10 minutos, até a superfície ficar crocante. Salpique com as folhas restantes de manjericão e sirva.

Macarrão de forno com queijo e trufa

Para um bom resultado, use queijos de qualidade. Escolha um cheddar maduro, um parmesão reggiano e um bom gruyère.

um punhado de sal marinho grosso
500 g de macarrão curto à sua escolha (como penne ou rigatoni)
1 trufa em conserva bem picada, reservando 3 fatias para decorar
1 xícara de farinha de rosca
sal e pimenta-do-reino moída na hora

Para o molho béchamel

3½ colheres de sopa de manteiga sem sal
6 colheres de sopa de farinha de trigo
5 xícaras de leite semidesnatado
1 colher de chá de sal marinho fino
100 g de cheddar ralado
100 g de gruyère ralado
100 g de parmesão ralado
2 colheres de sopa de azeite trufado

Serve: 6-8 porções

Cozinhe o macarrão de acordo com as instruções da embalagem. Preaqueça o forno a 200°C.

Para preparar o molho, derreta a manteiga em uma panela. Misture a farinha e cozinhe, mexendo sempre, por 1 minuto. Despeje o leite em um fio constante, mexendo sempre, e continue a mexer por 3-5 minutos, até o molho começar a engrossar. Tempere com sal marinho fino. Tire do fogo e acrescente os queijos e o azeite trufado, mexendo bem com uma colher para incorporar. Prove e acerte o tempero.

Coloque o macarrão cozido em uma tigela grande. Junte a trufa picada, o molho quente e misture bem. Prove e acerte o tempero. Transfira a mistura de macarrão para uma fôrma refratária de maneira uniforme. Cubra com uma porção generosa de pimenta-do-reino e espalhe a farinha de rosca por cima. Decore com as fatias de trufa reservadas. Leve ao forno por 5-10 minutos, até a superfície dourar e ficar crocante. Sirva ainda quente.

Tagine de kafta de cordeiro

Este guisado marroquino é feito em uma panela grande e é o prato ideal para receber muitas pessoas de forma descontraída.

500 g de carne de cordeiro moída
1 cebola ralada
2 dentes de alho bem picados
um punhado de salsinha fresca picada
2 colheres de sopa de azeite
1 colher de chá de cominho em pó
1 colher de chá de canela em pó
½ colher de chá de pimenta-de-caiena
1 lata (400 g) de tomate picado
um bom punhado de coentro picado

Serve: 4 porções

Coloque a carne moída, metade da cebola, metade do alho e a salsinha em uma tigela. Trabalhe a mistura com as mãos contra a lateral da tigela. Reserve.

Aqueça o azeite em uma frigideira grande de fundo grosso em fogo alto e refogue a cebola e o alho restantes por 5 minutos, até amolecer e dourar. Acrescente os temperos e cozinhe, mexendo sempre, por 1 minuto, até soltarem o aroma. Junte os tomates e 1 xícara de água, deixe levantar fervura e cozinhe por cerca de 5 minutos.

Com as mãos levemente umedecidas, faça bolinhas do tamanho de uma noz com a mistura de carne e coloque-as diretamente no molho. Abaixe o fogo, tampe e cozinhe por cerca de 15 minutos, até a carne estar bem cozida. Misture o coentro e mantenha aquecido.

Ragu de fava e porco com tagliatelle

Muitas vezes, as favas são a base de pratos rústicos, como esta receita com influência italiana.

3 colheres de sopa de manteiga
1 cebola branca picada
2 dentes de alho bem picados
1 cenoura bem picada
1 talo de aipo bem picado
100 g de panceta bem picada
400 g de paleta de porco desossada e cortada em cubos
2 colheres de chá de folhas frescas de orégano bem picadas
uma pitada de noz-moscada ralada na hora
125 ml de vinho branco
250 ml de caldo de carne
400 g de tomate picado
400 g de fava cozida e escorrida
400 g de macarrão seco de ovos tipo tagliatelle
sal marinho e pimenta-do-reino moída na hora
parmesão fresco ralado para servir

Serve: 4 porções

Derreta a manteiga em uma caçarola de fundo grosso em fogo alto e refogue a cebola, o alho, a cenoura, o aipo e a panceta por 8-10 minutos até os vegetais ficarem macios.

Acrescente a carne de porco, o orégano e a noz-moscada e refogue por 5 minutos, até a carne dourar por igual.

Junte o vinho e cozinhe por 2 minutos, até quase evaporar. Adicione o caldo de carne, os tomates e ½ xícara de água fria e deixe levantar fervura. Abaixe o fogo, tampe parcialmente a panela e cozinhe por 1h30, até o porco estar bem macio.

Junte as favas. Usando um amassador de batata, amasse os ingredientes na panela, para desmanchar o porco e parte das favas. Tempere com sal e pimenta-do-reino a gosto e deixe em fogo baixo enquanto cozinha a massa.

Cozinhe o tagliatelle de acordo com as instruções da embalagem e escorra. Despeje no ragu e misture bem. Sirva imediatamente com parmesão ralado para polvilhar.

Opção vegetariana: omita a panceta e a paleta de porco e ajuste o tempo de cozimento de acordo. Mantenha a mesma quantidade de favas e acrescente uma folha de louro e um ramo de tomilho fresco para dar mais sabor. Substitua o caldo de carne por caldo de legumes.

Torta de peixe magnífica

Esta receita é apreciada por toda a família. O segredo de uma torta de peixe suculenta e saborosa é não deixar o peixe passar do ponto e cozinhar previamente o camarão.

350 g de camarão grande cru e com casca
3 xícaras de leite
1 cebola picada
1 folha de louro
2 grãos de pimenta-do-reino
450 g de filé de peixe branco fresco e firme (como hadoque, badejo ou merluza do Alasca) com pele
450 g de filé de hadoque defumado
5 colheres de sopa de manteiga
½ xícara mais 1 colher de sopa de farinha de trigo comum
4 colheres de sopa de salsinha fresca picada
sal e pimenta-do-reino moída na hora

Para o purê de batata com erva-doce e açafrão

1,3 kg de batata descascada
uma boa pitada de pistilo de açafrão* embebido em 3 colheres de sopa de água quente
5 colheres de sopa de manteiga
1 xícara de leite
3 colheres de sopa de erva-doce fresca picada

uma assadeira oval de 1,5 litro

Serve: 4-6 porções

* Encontrado em casas especializadas.

Tire a casca dos camarões e coloque-as em uma panela com o leite, a cebola, a folha de louro e os grãos de pimenta-do-reino e leve ao fogo alto. Quando levantar fervura, abaixe o fogo e cozinhe por 10 minutos. Desligue o fogo e deixe em infusão.

Disponha os filés de peixe fresco e defumado em uma assadeira, com a pele para cima. Coe o leite sobre o peixe e cozinhe no fogão por 5-7 minutos, até ficar opaco. Tire os filés do leite e transfira para um prato. Quando os filés estiverem frios o suficiente para manusear, tire a pele e desfie o peixe em pedaços grandes, removendo os espinhos. Transfira para uma tigela grande e acrescente os camarões sem casca.

Derreta a manteiga em uma panela pequena em fogo médio. Junte a farinha e, pouco a pouco, acrescente o leite aromatizado da assadeira. Misture bem e cozinhe em fogo baixo por 15 minutos, até engrossar e reduzir um pouco. Prove e tempere com sal e pimenta-do-reino. Acrescente a salsinha e despeje o molho sobre o peixe. Misture tudo com cuidado. Transfira a mistura para a fôrma de torta e deixe esfriar.

Preaqueça o forno a 180°C.

Cozinhe as batatas em água fervente com sal até ficarem macias; escorra e amasse. Acrescente o açafrão e a água usada para embebê-lo, a manteiga, o leite e a erva-doce. Quando a mistura de peixe estiver fria, coloque o purê por cima, formando picos. Leve ao forno por 30-40 minutos, até a batata dourar e ficar crocante. Se não dourar o suficiente, use a função grill do forno ou um grill elétrico em temperatura média. Sirva ainda quente.

Frango e linguiça defumada com purê de abóbora e romesco

Romesco é um molho espanhol à base de amêndoas e é uma combinação perfeita para este delicioso prato.

8 coxas de frango com pele e osso
azeite extravirgem
180 g de linguiça defumada cortada em pedaços grandes
1 cebola-roxa fatiada
raspas de 2 limões-sicilianos
1 abóbora hokkaido ou cabochan sem semente e cortada em gomos
um punhado de folhas frescas de manjerona
sal marinho e pimenta-do-reino moída na hora

Para o romesco
50 g de amêndoas
30 g de avelãs
16 tomates italianos maduros
1 pimenta-malagueta cortada ao meio sem semente
4 dentes de alho descascados
½ colher de chá de páprica defumada
1-2 colheres de sopa de vinagre de vinho branco
4 colheres de sopa de migalha de pão de centeio ou outro pão sem trigo, torrada em um pouco de azeite até dourar
sal

Serve: 8 porções

Preaqueça o forno a 200°C.

Cubra as coxas de frango com azeite e tempere com sal e pimenta-do-reino; coloque em uma panela em fogo alto por alguns minutos, virando até selar e dourar. Transfira para uma assadeira, com a pele virada para cima, e acrescente a linguiça defumada, a cebola e metade das raspas de limão. Leve ao forno por cerca de 45 minutos, até assar bem. Se você achar que estão começando a queimar, diminua a temperatura do forno para 180°C e deixe-as por um pouco mais de tempo, até os sucos saírem claros ao inserir um palito.

Enquanto isso, em outra assadeira, regue a abóbora com azeite até cobrir bem. Tempere com sal e pimenta-do-reino e espalhe metade das folhas de manjerona por cima. Leve ao forno por 40 minutos, até amaciar completamente.

Em outra assadeira, para o romesco, torre as amêndoas e as avelãs por 6 minutos, até ficarem um tom mais escuras. Tire e deixe esfriar; coloque as avelãs em um pano de prato e esfregue para pelar.

Regue os tomates com azeite, tempere com sal e a pimenta-malagueta e leve ao forno por cerca de 15 minutos, até a pele do tomate se abrir e a pimenta-malagueta estar tenra. Usando um pilão, triture o alho, a pimenta-malagueta, as amêndoas, as avelãs e uma pitada de sal, até obter uma pasta espessa. Adicione os tomates e triture até misturar bem; a pele dos tomates deve ficar um pouco partida. Acrescente a páprica e o vinagre. Tempere a gosto; junte as migalhas de pão e misture bem.

Quando a abóbora estiver bem assada, tire do forno e coloque em uma tigela. Tempere com uma boa pitada de sal, a manjerona restante (reservando algumas folhas para servir), as raspas de limão restantes e um fio generoso de azeite. Amasse até misturar. A abóbora absorve bem o sabor, por isso prove e confie em sua avaliação. Se precisar de mais tempero, acrescente.

Quando o frango estiver bem assado, coloque um pouco do purê em um prato e acomode o frango, com parte dos sucos e da linguiça defumada espalhados ao redor. Termine com uma boa colherada do romesco e a manjerona reservada por cima.

Coq au vin

Esta delícia francesa precisa ser feita bem cedo; o frango deve marinar até o dia seguinte.

8 coxas de frango
250 ml de vinho tinto
1 cebola picada
1 cenoura cortada em cubos
1 talo de aipo cortado em cubos
4 dentes de alho fatiados
1 folha de louro fresca ou seca
4 colheres de sopa de azeite
12 cebolas pérola
4 fatias de bacon picadas grosseiramente
100 g de cogumelo-de-paris sem os talos
500 ml de caldo de carne
sal e pimenta-do-reino moída na hora

Para o purê de batata com alho

800 g de batata descascada e cortada em quatro
125 ml de leite integral
3 dentes de alho amassados
75 g de manteiga

Serve: 4 porções

Coloque as coxas de frango em um recipiente refratário com o vinho, a cebola, a cenoura, o aipo, o alho e o louro. Cubra e leve à geladeira até o dia seguinte, mexendo de vez em quando. Coloque um escorredor sobre uma tigela grande e vire as coxas sobre ele. Retire o frango e deixe os legumes no escorredor. Reserve o líquido da marinada.

Aqueça 1 colher de sopa do azeite em uma panela grande de fundo grosso e refogue as cebolas e o bacon por 4-5 minutos, mexendo até dourar. Tire da panela e reserve. Acrescente outra colher de azeite à panela e refogue os cogumelos até dourar e amolecer. Tire da panela e reserve.

Adicione outra colher do azeite à panela e refogue metade das coxas até dourar bem. Transfira para um prato. Acrescente o azeite e as coxas de frango restantes à panela e repita o procedimento. Junte os legumes, o alho e o louro e refogue, até amaciarem e dourarem. Coloque o frango, as cebolas e o bacon de volta na panela junto com o líquido da marinada e o caldo de carne. Deixe ferver e abaixe o fogo para médio; tampe e cozinhe até o frango estar bem cozido e macio. Junte os cogumelos e cozinhe por outros 5 minutos.

Enquanto isso, cozinhe as batatas, até amolecerem. Escorra bem e devolva à panela quente. Coloque o leite, o alho e a manteiga em uma panela pequena e cozinhe em fogo baixo até derreter a manteiga. Acrescente a mistura de leite às batatas e amasse ou bata, até obter uma consistência leve e cremosa. Tempere a gosto.

Cordeiro recheado com feta e hortelã

Esse prato tem influência persa e também recebe um toque mediterrâneo.

200 g de queijo feta
2 colheres de sopa de hortelã picada
2 colheres de sopa de salsinha picada
raspas e suco de 1 limão-siciliano espremido na hora
2 costelas de cordeiro (7-8 costeletas em cada costela), sem a gordura, para expor o osso em cada extremidade
3 colheres de sopa de azeite
sal e pimenta-do-reino moída na hora
pinhões torrados, para decorar

Serve: 6 porções

Preaqueça o forno a 200ºC.

Coloque o queijo feta em uma tigela e amasse com um garfo, até ficar quase uma pasta. Acrescente a hortelã, a salsinha e o suco e as raspas de limão, e misture bem.

Use uma faca para fazer um sulco de cerca de 3 cm de profundidade ao longo da costela de cordeiro, criando uma cavidade para o recheio. Divida o feta em dois e recheie cada costela de cordeiro com a pasta. Junte cada duas costeletas com barbante de cozinha para mantê-las unidas; coloque as duas costelas lado a lado em uma assadeira grande untada e tempere bem com sal e pimenta-do-reino. Leve ao forno por 25-30 minutos para assar ao ponto, ou por mais 10 minutos se preferir o cordeiro bem passado.

Decore com os pinhões torrados e sirva com cuscuz marroquino.

Chile texano tradicional

Esse é um prato excelente para fazer em grande quantidade e depois congelar em porções, pois, como todos os chiles, o sabor fica cada vez melhor. Sirva com arroz, uma boa colherada de creme azedo, mais molho de pimenta e um punhado generoso de cheddar ralado – o prato perfeito para alimentar um batalhão faminto!

1,5 kg de carne para preparar ensopados de sua preferência
2 colheres de sopa de óleo vegetal
3 colheres de sopa de molho de pimenta chipotle
2 cebolas bem picadas
4 dentes de alho grandes amassados ou bem picados
3 colheres de sopa de pimenta-vermelha em pó
pimenta-de-caiena em pó (opcional)
800 g de tomate picado
750 ml de caldo de carne ou de legumes
140 g de extrato de tomate
2 pimentões amarelos e/ou vermelhos maduros, sem semente e picados
1 colher de sopa de páprica
1 colher de chá de orégano seco
400 g de feijão-roxinho cozido e escorrido
1 colher de chá de pimenta-do-reino--branca em pó
3-4 pimentas jalapeñas cortadas ao meio no sentido do comprimento e sem semente
mais um pouco de molho de pimenta a gosto
sal marinho e pimenta-do-reino moída na hora

Serve: 8-10 porções

Corte a carne em cubos e remova os nervos, caso tenha; mantenha um pouco da gordura na carne para dar sabor ao molho. Aqueça metade do óleo em uma panela de fundo grosso em fogo alto e refogue os cubos de carne até dourar por igual. Quase no final, acrescente o molho de pimenta chipotle. Continue a mexer a carne para cobrir bem com o molho. Coloque este preparo em outro recipiente e reserve.

Na mesma panela, refogue a cebola e o alho com 2 colheres de sopa da pimenta-vermelha em pó e o restante do óleo, até a cebola ficar translúcida. Se quiser deixar mais picante, acrescente um pouco de caiena e refogue até cozinhar bem. Junte o tomate e mexa de vez em quando.

Coloque a carne de volta na panela com 2 xícaras do caldo e o extrato de tomate e deixe levantar fervura. Abaixe um pouco o fogo, junte os pimentões, a páprica, o orégano, o feijão e a pimenta-do-reino-branca. Mexa bem e abaixe o fogo para o mínimo. Acrescente as jalapeñas, que flutuarão na superfície enquanto tudo cozinha.

Tampe e cozinhe em fogo baixo por pelo menos 3 horas, mexendo às vezes. Adicione o caldo restante se começar a parecer seco. Quando faltar 1h ou 1h30 para o fim do cozimento, acrescente o restante da pimenta-vermelha em pó e uma colherada generosa de molho de pimenta, a gosto. Tempere com sal e pimenta-do-reino.

Frango assado com harissa e legumes condimentados

Frango assado sempre é uma boa escolha, por isso vale a pena aprender a preparar com maestria esta receita, que é uma versão saborosa do assado tradicional. É o prato perfeito para uma refeição descontraída com os amigos e a família. Com o mínimo de trabalho se consegue um ótimo resultado. Se houver sobras, você pode usá-las para preparar um jantar rápido no dia seguinte.

azeite extravirgem
2 colheres de chá de semente de cominho
2 colheres de chá de semente de coentro
1 rutabaga* descascada e cortada em pedaços
1 abóbora-cheirosa descascada, sem semente e cortada em pedaços
2 batatas-doces cortadas em pedaços
2 colheres de chá de cúrcuma em pó
sal marinho
2 colheres de sopa de iogurte de soja
1 frango orgânico, se possível
1 limão-siciliano
salada verde, para servir

Para a harissa

2 colheres de chá de semente de cominho, coentro e alcaravia
1 cebola-roxa picada
3 dentes de alho picados
2-3 pimentas-malaguetas sem semente
4 pimentas de Piquillo em conserva
3 colheres de chá de extrato de tomate
2 colheres de sopa de suco de limão-siciliano
1 colher de chá de páprica defumada

Serve: 6-8 porções

* Pode ser substituído por nabo.

Para preparar a harissa, coloque as sementes de cominho, coentro e alcaravia em uma panela seca e torre por 1-2 minutos, até soltarem os aromas. Triture usando um pilão. Na mesma panela, aqueça um pouco de azeite e refogue a cebola, o alho e as pimentas até amolecerem. Transfira para o processador de alimentos junto com as pimentas de Piquillo, o extrato de tomate, o suco de limão, a páprica, 4 colheres de sopa de azeite e uma pitada de sal, e processe até ficar homogêneo. Prove e, se necessário, acerte o tempero com um pouco mais de sal, páprica ou suco de limão.

Preaqueça o forno a 240°C.

Para os legumes, torre e triture as sementes de cominho e de coentro como indicado no preparo da harissa. Em uma tigela, misture os legumes picados com 1 colher de chá de sal, todos os temperos e azeite suficiente para cobrir bem. Transfira para uma assadeira e despeje todo o azeite e os temperos da tigela sobre os legumes.

Misture 3 colheres de sopa da harissa com o iogurte. Tempere o frango com sal e pimenta-do-reino, espalhe a mistura de harissa sobre a pele e também embaixo dela. Acrescente um pouco mais de harissa se quiser um sabor mais condimentado. Fure o limão em vários lugares com uma faca afiada e coloque na cavidade do frango.

Acomode o frango diretamente sobre os legumes e posicione a assadeira no meio do forno. Abaixe a temperatura do forno para 180°C e asse por 30 minutos, até o frango começar a dourar.

Tire a assadeira do forno, passe o frango para uma tábua e mexa bem os legumes para cobri-los completamente com os sucos. Coloque o frango de volta na assadeira, regue o peito com os sucos e continue a assar por mais 40-50 minutos, até estar bem cozido; para verificar, insira um palito na coxa e, se o suco sair claro, está cozido. Se a pele estiver prestes a queimar, cubra com papel-alumínio. Mas a ideia é que a pele fique bem crocante, por isso não cubra antes da hora.

Quando o frango estiver assado, cubra a assadeira com papel-alumínio por 15 minutos antes de servir – isso deixa a carne mais tenra. Sirva com bastante salada verde.

Barriga de porco com soja e missô

A soja não tem sabor muito marcante, por isso é importante combiná-la com ingredientes robustos.

100 g de soja seca
1 kg de barriga de porco cortada em 8 pedaços
125 ml de saquê
1 colher de sopa de óleo de amendoim
2 colheres de chá de óleo de gergelim
3 dentes de alho picados grosseiramente
4 cebolinhas picadas (somente a parte branca)
5 fatias finas de gengibre
250 ml de caldo de galinha ou de legumes
2 colheres de sopa de molho de soja claro
2 colheres de sopa de missô (pasta de soja)
1 colher de chá de açúcar
½ colher de chá de sal marinho

Serve: 4 pessoas

Deixe a soja de molho em 3 xícaras de água fria por pelo menos 10 horas. Escorra bem e transfira para uma panela grande. Adicione bastante água fervente e leve a panela ao fogo médio. Cozinhe por 45-50 minutos, até amolecer. Escorra e reserve.

Coloque o porco em uma travessa e regue com o saquê. Cubra com filme plástico e deixe por uma hora, virando com frequência. Remova a carne do saquê e reserve o líquido.

Preaqueça o forno a 160°C. Coloque o óleo de amendoim em uma panela grande refratária e leve ao fogo alto. Refogue o porco em lotes (não encha demais a panela), por 4-5 minutos, virando até dourar por igual. Transfira para uma tigela e reserve.

Acrescente o óleo de gergelim à panela. Junte o alho, a cebolinha e o gengibre e refogue por 1-2 minutos, até amolecer. Adicione o saquê reservado, deixe levantar fervura e cozinhe até o líquido reduzir pela metade, mexendo para soltar os pedaços de porco grudados no fundo da panela. Junte o caldo, o molho de soja, o missô, o açúcar e o sal e coloque o porco de volta na panela, mexendo até o missô dissolver. Deixe levantar fervura, tampe e leve ao forno por 2 horas, virando o porco depois de 1 hora. Acrescente os grãos de soja, tampe e asse por mais 30 minutos. Sirva quente.

Lombo de porco assado

Nesta receita use bastante alecrim para que a carne seja impregnada por seu aroma característico.

1,75 kg de lombo de porco com osso (peça para o açougueiro desossar o porco e lhe dar os ossos; peça também que tire a pele e use-a para fazer o torresmo)
4 dentes de alho grandes
4 colheres de sopa de alecrim fresco picado
um punhado de ramos de alecrim frescos
300 ml de vinho branco seco
azeite extravirgem, para besuntar e fritar
sal marinho e pimenta-do-reino moída na hora

Serve: 6 porções

Preaqueça o forno a 230°C.

Vire o lombo com o lado da gordura para baixo. Faça sulcos profundos por toda a carne, especialmente na parte mais grossa. Usando o processador, faça uma pasta com o alho, o alecrim picado, pelo menos 1 colher de chá de sal e pimenta-do-reino. Enfie a pasta nos sulcos e espalhe o restante pela superfície da carne. Enrole a carne e amarre com um barbante de cozinha, acrescentando alguns ramos de alecrim ao longo de seu comprimento. Pese a carne para calcular o tempo de cocção – considere 25 minutos para cada 500 g.

Aqueça 2 colheres de sopa de azeite em uma frigideira, desenrole o porco e doure completamente. Acomode em uma assadeira, regue com o vinho e enfie os ramos de alecrim restantes. Coloque os ossos em outra assadeira com o lado convexo para cima. Esfregue a pele do porco com azeite e sal. Envolva os ossos com a pele. Posicione-os na grade superior do forno e a assadeira com o porco na grade inferior. Asse por 20 minutos; abaixe a temperatura para 200°C e asse pelo tempo restante calculado, regando o lombo a cada 20 minutos. Quando estiver assado, e morno, corte em fatias grossas.

Filé-mignon en croûte

Também conhecido como Bife Wellington, esse prato provoca sorrisos ávidos em todos à mesa. É uma receita para uma ocasião realmente especial. Decore com capricho a superfície da massa com folhas ou flores, mas lembre-se de cobrir com uma ou duas camadas de ovo, com um intervalo entre elas, para ficar um acabamento dourado lindo.

550 g de massa folhada pronta descongelada
1 colher de sopa de azeite
1,35 kg de filé-mignon limpo
1 ovo mais 1 gema batida para pincelar

Para o recheio

4 colheres de sopa de manteiga sem sal
2 cebolas ou 6 echalotas grandes bem picadas
225 g de cogumelo portobello bem picado
2 colheres de chá de tomilho fresco picado
1 colher de chá de raspas finas de laranja
1 colher de sopa de vinagre balsâmico
100 g de patê de fígado de pato ou de frango
sal e pimenta-do-reino moída na hora

Serve: 6-8 porções

Preaqueça o forno a 200°C.

Para preparar o recheio, derreta a manteiga em uma panela, acrescente a cebola e refogue por 10 minutos, até amolecer. Junte os cogumelos e refogue, mexendo de vez em quando, por mais 10 minutos, até ficarem tenros e bem reduzidos (não deve haver líquido na panela). Adicione o tomilho, as raspas de laranja e o vinagre; cozinhe por mais 1-2 minutos. Tire do fogo e misture o patê. Tempere a gosto com sal e pimenta-do-reino e deixe esfriar completamente (pode ser feito na noite anterior e levado à geladeira).

Em uma superfície levemente enfarinhada, abra um terço da massa como uma faixa mais ou menos da largura da peça de filé-mignon. Coloque em uma assadeira de fundo grosso, fure em vários lugares com um garfo e leve ao forno por cerca de 20 minutos, até dourar e ficar crocante. Tire do forno e coloque sobre uma grade aramada para esfriar.

Aqueça o azeite em uma frigideira ou assadeira até estar bem quente. Acrescente o filé-mignon e doure bem, virando sempre. Transfira para uma assadeira fria e deixe esfriar.

Quando tudo estiver frio, acomode a massa assada em uma assadeira e coloque o filé-mignon por cima. Cubra a carne com a mistura de cogumelos.

Preaqueça o forno a 230°C.

Abra a massa restante de modo a ficar grande o suficiente para cobrir a carne e o recheio com folga. Disponha a massa sobre o conjunto e feche com cuidado ao redor do filé-mignon, enfiando as pontas com uma espátula e recortando os excessos. Use as sobras de massa para modelar formas com as quais decorar a superfície.

Pincele com o ovo batido, decore bastante com as formas de massa e leve ao forno por 20 minutos. Cubra a massa com papel-alumínio para evitar que doure demais, e continue a assar por outros 15 minutos. Se o filé-mignon for grosso, ficará malpassado. Se tiver a ponta mais fina, considere 25 minutos ao todo. Deixe descansar em um lugar morno por 10-15 minutos antes de fatiar para servir.

Gratinado de berinjela e tomate

Este prato cremoso é muito reconfortante!

2 cebolas roxas fatiadas
10 tomates-cereja bem maduros e vermelhos
azeite extravirgem
vinagre balsâmico
3 berinjelas cortadas em fatias de 1 cm no sentido da largura
um punhado de folhas frescas de manjericão
100 ml de sopa de creme de soja
sal marinho e pimenta-do-reino moída na hora

Serve: 4-6 porções

Preaqueça o forno a 200°C.

Misture as cebolas e os tomates com um pouco de azeite, o sal e um fio de vinagre balsâmico em uma fôrma refratária. Leve ao forno por cerca de 15 minutos, até a pele do tomate se abrir e a cebola começar a caramelizar. Deixe o forno ligado.

Enquanto isso, aqueça uma panela em fogo médio. Pincele as fatias de berinjela com azeite de ambos os lados. Leve à panela quente até dourarem dos dois lados e ficarem macia. Transfira para uma travessa e regue generosamente com azeite. Tempere bem.

Disponha as fatias de berinjela em uma caçarola com o tomate, a cebola e as folhas de manjericão (reserve algumas para servir). Despeje o creme por cima, regue com um pouco de azeite e leve ao forno por 15-20 minutos, até borbulhar e dourar. Tire do forno. Rasgue as folhas restantes de manjericão e espalhe sobre o prato. Sirva imediatamente.

Moussaka de lentilha e legumes

Este prato substancioso é uma alternativa à lasanha e pode ser preparado com antecedência.

2 berinjelas fatiadas no sentido do comprimento
5 colheres de sopa de azeite
1 cebola roxa bem picada
120 ml de vinho branco
1 cenoura bem picada
1 pimentão vermelho bem picado
½ abobrinha italiana bem picada
um punhado de erva-doce picada
1 colher de chá de orégano seco
1 colher de chá de canela em pó
100 g de lentilha vermelha
400 g de tomate italiano picado
600 g de batata descascada e cortada em rodelas
400 g aproximadamente de iogurte natural
2 ovos
raspas de 1 limão-siciliano
noz-moscada ralada na hora
½ xícara de queijo feta esfarelado
sal e pimenta-do-reino moída na hora

Serve: 4 porções

Preaqueça o forno a 180°C.

Coloque a berinjela em uma assadeira, tempere com sal e 2 colheres de sopa de azeite e leve ao forno por 15-20 minutos, até amolecer e começar a dourar.

Enquanto isso, coloque a cebola em uma panela grande com 1 colher de sopa de azeite e 1 colher de sopa de água. Tampe e cozinhe em fogo baixo por 5-10 minutos, até a cebola amolecer, mas sem dourar. Tire a tampa, junte o vinho e deixe ferver em fogo alto até o vinho reduzir pela metade. Acrescente a cenoura, o pimentão vermelho, a abobrinha italiana, a erva-doce, o orégano e a canela e refogue até dourar. Adicione a lentilha e o tomate, junto com 1 xícara de água, e cozinhe em fogo baixo por 20 minutos. Tempere com sal e pimenta-do-reino a gosto.

Frite a batata nas 2 colheres de sopa de azeite restantes, até dourar de ambos os lados e começar a amolecer. Tire da panela e coloque sobre papel-toalha.

Para montar a *moussaka*, disponha metade da berinjela no fundo de uma fôrma antiaderente, cubra com metade da mistura de lentilha e finalize com metade da batata. Repita.

Para fazer a cobertura, bata o iogurte com os ovos, o limão, a noz-moscada e metade do queijo feta. Despeje sobre a *moussaka* e espalhe a outra metade do queijo feta por cima. Leve ao forno por 45 minutos, até a superfície dourar. Sirva quente ou à temperatura ambiente com uma salada verde.

Sobremesas e queijos

Cheesecake de chocolate com marshmallow

Este cheesecake tentador é o paraíso de todo chocólatra. Tem uma clássica cobertura de chocolate com marshmallow*, nozes e cereja, tudo aninhado em um recheio de chocolate cremoso com gotas de chocolate. De sabor forte, melhor servi-lo em fatias pequenas!*

Para a base de bolacha

300 g de biscoito Negresco sem o recheio
150 g de manteiga derretida

Para o recheio

6 folhas de gelatina sem sabor
320 g de *cream cheese*
1 colher de sopa de chocolate em pó
250 g de mascarpone
1 colher de chá de essência de baunilha
100 g de açúcar
400 ml de creme de leite fresco
100 g de gotas de chocolate

Para a cobertura

80 g de castanha-de-caju torrada com mel
100 g de cereja em calda cortada ao meio
40 g de mini-*marshmallow*
100 g de bolinha de cereal coberta com chocolate (como Nescau Ball)
100 g de chocolate amargo

uma fôrma com fundo removível de 23 cm de diâmetro, untada e enfarinhada

Serve: 12 porções

Triture as bolachas Negresco em um processador de alimentos ou coloque em um saco plástico limpo e triture com um rolo de macarrão. Transfira para um tigela e misture com a manteiga derretida. Com as costas de uma colher, pressione a massa contra o fundo e as laterais da fôrma para torta já untada e enfarinhada.

Para o recheio, hidrate as folhas de gelatina em água fria até amolecerem.

Em uma tigela grande, bata o *cream cheese*, o chocolate em pó, o mascarpone, a essência de baunilha e o açúcar até ficar homogêneo.

Coloque o creme de leite em um recipiente refratário e cozinhe em banho-maria. Elimine a água das folhas de gelatina e misture-as no creme de leite até a gelatina se dissolver. Passe por uma peneira para remover os pedaços de gelatina não dissolvidos e junte à mistura de chocolate. Bata até a mistura ficar homogênea e ligeiramente encorpada; acrescente as gotas de chocolate. Despeje a mistura sobre a base de bolacha e leve à geladeira por 3-4 horas ou de um dia para o outro, até ficar firme.

Quando estiver firme, espalhe as castanhas-de-caju, as cerejas, os *marshmallows* e as bolinhas de chocolate sobre o *cheesecake*. Derreta o chocolate amargo em banho-maria e despeje por cima. Leve à geladeira para firmar antes de servir.

Crème brûlée

Crème brûlée é uma sobremesa clássica de um delicioso creme de baunilha coberto com caramelo crocante. As origens do crème brûlée há muito são disputadas entre França, Espanha e Inglaterra. Os três países têm diferentes versões, e todos afirmam tê-lo inventado – a França tem o brûlée, *a Espanha tem a* crema catalana *e a Inglaterra tem o Trinity cream, que foi criado em Cambridge nos anos 1800.*

600 ml de creme de leite fresco
1 fava de baunilha cortada ao meio
6 gemas
100 g de açúcar mais 2 colheres de sopa para polvilhar
1 colher de chá de açúcar de confeiteiro

4 ramequins grandes
maçarico de cozinha (opcional)

Serve: 4 porções

Preaqueça o forno a 150°C.

Coloque o creme de leite fresco e a fava de baunilha em uma panela em fogo baixo e deixe levantar fervura.

Enquanto isso, coloque as gemas e o açúcar em uma tigela e bata com um batedor manual até obter um creme leve e fofo. Devagar, despeje o creme fervido na mistura de ovos, batendo vigorosamente até ficar bem incorporado. Passe a mistura por uma peneira fina e descarte a fava de baunilha.

Divida a mistura cremosa entre os *ramequins* e coloque-os em uma assadeira funda. Despeje água na assadeira até atingir a metade da altura do *ramequim.* O banho-maria garante que os *crèmes brûlées* assem devagar e por igual.

Leve ao forno por 40-45 minutos. Ainda deve haver uma leve oscilação no centro dos *crèmes brûlées* quando agitados com cuidado.

Tire os *crèmes brûlées* do forno e da assadeira e deixe esfriar completamente. Depois de frios, podem ser levados à geladeira até a hora de servir, se você quiser.

Antes de servir, polvilhe as 2 colheres de sopa de açúcar e por cima o açúcar de confeiteiro. O açúcar comum o deixa crocante e o açúcar de confeiteiro dá brilho.

Então, queime a superfície dos *crèmes brûlées* usando um maçarico de cozinha ou leve-os ao forno preaquecido em temperatura alta. Quando estiverem prontos, devem ficar um caramelo escuro.

Deixe esfriar um pouco antes de servir. O caramelo vai endurecer e você terá o prazer de quebrar aquela deliciosa casquinha!

Suflê gelado de limão

Suflês são uma das sobremesas francesas mais emblemáticas, pois pode levar um tempo até aprender a prepará-los com perfeição. No entanto, esta é uma mousse simples de limão feita em um ramequim e moldada com a ajuda de papel-manteiga e um elástico, para que tenha a aparência de um suflê.

4 folhas de gelatina sem sabor
6 ovos (gema e clara separadas)
500 ml de creme de leite fresco
300 g de açúcar
raspas e suco de 4 limões-sicilianos e as raspas de mais um para decorar
açúcar de confeiteiro para polvilhar

4 ramequins grandes

Serve: 4 porções

Comece a fazer a receita um dia antes.

Primeiro, prepare os *ramequins*. Pegue algumas folhas de papel-manteiga e desenhe 4 retângulos, com o comprimento igual à circunferência dos *ramequins* mais 1 cm e a altura igual à altura dos *ramequins* mais 5 cm. Recorte os retângulos de papel e enrole-os ao redor de cada *ramequim*. Prenda bem com um elástico ou uma fita adesiva. Coloque em uma assadeira e reserve.

Coloque a gelatina em uma tigela com água fria para hidratar.

Bata as claras em neve e, em seguida, leve à geladeira. Enquanto isso, bata o creme de leite até o ponto de chantili.

Em seguida, aqueça as gemas e o açúcar em banho-maria. Bata com um batedor manual durante 5 minutos, até ficar leve e espumoso. Essa é a base para o zabaione.

Coloque as raspas e o suco dos limões em uma panela em fogo médio e deixe levantar fervura. Tire do fogo e misture com a gelatina hidratada, sem o excesso de água. Acrescente a gelatina de limão à base do zabaione, batendo rapidamente até misturar bem. Com cuidado, incorpore as claras ao zabaione usando uma colher longa de metal. Quando a mistura estiver homogênea, incorpore o creme de leite batido.

Com uma colher, divida a mistura entre os *ramequins* – ela deve ultrapassar a borda dos *ramequins* em cerca de 3 cm e ser contida pelo papel-manteiga, para dar essa aparência de "suflê".

Deixe firmar na geladeira durante a noite. No dia seguinte, polvilhe o suflê com açúcar de confeiteiro e mais um pouco de raspas de limão para servir.

VARIAÇÃO

Para dar um toque surpresa, coloque algumas framboesas na base do *ramequim* antes de despejar o creme.

Pudim de pão com croissant e maçã

Esta é a maneira perfeita de aproveitar croissants amanhecidos. Esta receita também funciona muito bem com panetone na época do Natal.

500 ml de leite
500 ml de creme de leite fresco
1 fava de baunilha cortada ao meio
1 pau de canela
3 anises-estrelados
2 colheres de sopa de Calvados (bebida destilada de maçã)
3 ovos
3 gemas
200 g de açúcar
2 croissants amanhecidos, mas não muito duros
2 colheres de sopa de manteiga derretida
2 maçãs
2 colheres de sopa de maçã semidesidratada em pedaços

uma assadeira grande bem untada

Serve: 4-6 porções

Preaqueça o forno a 200°C.

Coloque o leite, o creme de leite fresco, a baunilha, a canela, os anises-estrelados e o Calvados em uma panela em fogo médio e deixe levantar fervura.

Bata os ovos, as gemas e o açúcar até obter um creme claro e fofo. Devagar, despeje o creme fervido na mistura de ovos, mexendo vigorosamente até ficar bem incorporado. Passe a mistura por uma peneira fina e descarte a fava de baunilha, o pau de canela e os anises-estrelados.

Corte os croissants ao meio na horizontal e pincele com manteiga derretida. Disponha-os na assadeira untada. Pique as maçãs frescas. Espalhe-as com as maçãs semidesidratadas sobre os croissants e despeje o creme por cima. Usando uma espátula, pressione os croissants, para que comecem a absorver um pouco da deliciosa mistura cremosa.

Leve ao forno por 25 minutos. Deve estar ainda um pouco mole no centro. Sirva com sorvete de baunilha ou um pouco de chantili.

Arroz-doce com baunilha

Este é um tradicional arroz-doce inglês preparado em fogo lento, formando uma linda camada dourada por cima. Para variar, adicione um punhado de uvas-passas brancas.

1 fava de baunilha
1 litro de leite
75 g de açúcar demerara
125 ml de creme de leite light
50 g de manteiga sem sal
100 g de arroz branco de grão curto

uma assadeira refratária média

Serve: 4 porções

Preaqueça o forno a 150°C.

Esfregue a fava de baunilha entre as palmas das mãos para amaciar. Parta-a no sentido do comprimento com uma faca pequena e afiada e use a ponta da faca para raspar as sementes dentro de uma tigela. Acrescente o leite, o açúcar e o creme de leite e bata bem.

Coloque a manteiga em uma caçarola refratária média e leve ao fogo alto. Quando estiver bem quente, adicione o arroz e refogue por 1-2 minutos, até ficar brilhante e lustroso. Com cuidado, despeje a mistura de leite dentro da caçarola e use uma colher grande para misturar devagar, desfazendo todas as pelotas de arroz e soltando os grãos que ficarem grudados no fundo.

Leve ao forno preaquecido e asse, sem tampa, por 3 horas, até formar uma crosta dourada na superfície. Deixe esfriar um pouco antes de servir.

Crumble de maçã, aveia e uva-passa

Um crumble de frutas assado, servido saído do forno, é uma das sobremesas caseiras mais populares na Inglaterra. E a boa notícia é que, em comparação com a maioria das outras sobremesas, esta é uma escolha saudável! A aveia confere uma deliciosa textura crocante à cobertura.

2 colheres de sopa de conhaque
1 colher de sopa de mel
50 de uva-passa
5 maçãs verdes descascadas e fatiadas
75 g de açúcar
sorvete de baunilha ou creme de leite fresco gelado para servir

Para a cobertura do crumble

75 g de farinha de trigo integral
30 g de aveia em flocos
½ colher de chá de fermento em pó
½ colher de chá de canela em pó
75 g de manteiga sem sal fria e cortada em cubos
60 g de açúcar mascavo ou demerara

uma assadeira média untada com manteiga

Serve: 4 porções

Preaqueça o forno a 200°C.

Coloque o conhaque, o mel e a uva-passa em uma panela pequena e cozinhe em fogo médio por 5 minutos, mexendo sempre, até evaporar quase todo o líquido. Reserve

Coloque as maçãs, o açúcar e 2 colheres de sopa de água fria em outra panela. Tampe e cozinhe em fogo médio por 10-15 minutos, mexendo com frequência, até as maçãs amolecerem. Incorpore à mistura de uva-passa e deixe esfriar. Transfira para a assadeira untada.

Para fazer a cobertura do crumble, coloque a farinha, a aveia, o fermento, a canela e a manteiga em uma tigela. Com as mãos, misture todos os ingredientes, esfregando a manteiga entre os dedos, até formar uma farofa. Acrescente o açúcar mascavo e espalhe a massa de maneira uniforme sobre a mistura de maçãs na assadeira.

Leve ao forno por 25-30 minutos, até a cobertura dourar e ficar crocante. Sirva quente com sorvete de baunilha ou creme de leite fresco gelado, como preferir.

Torta de maçã com caramelo

Nesta variação de uma receita clássica, adiciono toffees *amassados às maçãs. À medida que a torta assa, eles derretem e banham as maçãs com caramelo. Cortar a crosta açucarada das maçãs douradas libera um aroma tentador. Misturar maçãs doces com uma proporção de maçãs ácidas realça o sabor. Sirva com creme de leite, sorvete ou, melhor ainda, despeje creme dentro da torta pelo orifício do vapor logo antes de servir!*

75 g de *toffee* duro
1 kg de maçãs descascadas cortadas em fatias grossas
raspas e suco de 1 limão-siciliano pequeno espremido na hora
3 cravos-da-índia
¼ colher de chá de canela em pó
¼ colher de chá de noz-moscada em pó (opcional)
uma pitada de pimenta-da-jamaica em pó (opcional)
1 receita de massa podre básica (ver abaixo)
1 colher de sopa de farinha de trigo e outra de açúcar, misturados, e um pouco mais de açúcar para polvilhar
1 clara

uma fôrma de torta de 23 cm de diâmetro

Serve: 6 porções

Para a massa podre básica

2 xícaras de farinha de trigo comum
uma pitada de sal
50 g de sopa de banha de porco (ou gordura vegetal) fria e cortada em cubos
75 g de sopa de manteiga sem sal fria e cortada em cubos
2 ou 3 colheres de sopa de água gelada

Rende cerca de 400 g (o suficiente para forrar a base de uma fôrma para torta de 23-25 cm ou fazer dois círculos de massa para uma fôrma de 20-23 cm)

Comece pela massa podre básica.

Peneire a farinha e o sal em uma tigela grande. Adicione a banha e a manteiga e esfregue até formar uma farofa. Acrescente água suficiente para unir a massa e misture.

Vire sobre uma superfície levemente enfarinhada e sove um pouco para unir a massa. Forme uma bola achatada, envolva em filme plástico e leve à geladeira por pelo menos 30 minutos antes de abrir a massa e usá-la na receita.

Preaqueça o forno a 200°C.

Coloque os *toffees* em um saco plástico e use um rolo de macarrão para quebrá-los em pedacinhos. Transfira-os para uma tigela grande com as maçãs, o suco e as raspas de limão, o cravo, a canela e, se estiver usando, a noz-moscada e a pimenta-da-jamaica.

Divida a massa em 2 partes e, em uma superfície levemente enfarinhada, abra cada parte em um círculo que cubra bem a base da fôrma. Forre a fôrma com um dos círculos de massa e espalhe a mistura de farinha e açúcar por cima. Com uma colher, coloque a mistura de maçã no centro da fôrma. Pincele as bordas da massa com um pouco de água e cubra a fôrma com o círculo de massa restante, fechando bem as bordas. Recorte o excesso de massa e use as sobras para cortar figuras para decorar a torta, se tiver tempo. Faça um orifício no topo da massa, para deixar o vapor sair enquanto assa.

Bata a clara em ponto de neve e pincele toda a superfície da torta, e então polvilhe generosamente o açúcar. Coloque a torta em uma assadeira e leve ao forno por aproximadamente 35-40 minutos, até dourar e ficar firme e com uma crosta açucarada.

Dica: para fazer uma variação vegana da massa, é só substituir a banha e a manteiga por 125 g de margarina vegana e seguir as instruções da receita.

Torta de limão americana

Uma torta clássica das Florida Keys, onde esta receita é popular desde o século XIX. Algumas têm cobertura de creme e outras, de suspiro. Não importa qual prefira, escolha limões frescos e suculentos e nunca use suco de limão industrializado!

Para a massa
200 g de biscoito de maisena
100 g de manteiga sem sal
50 g de açúcar

Para o recheio de limão
3 gemas grandes em temperatura ambiente
2 colheres de chá de raspas de limão
1 lata de leite condensado
150 ml de suco de limão espremido na hora
200 ml de creme de leite fresco
1 colher de sopa de açúcar de confeiteiro
rodelas de limão para decorar

uma fôrma de fundo removível de 23 cm de diâmetro, com 2,5 cm de altura

Serve: 8 porções

Preaqueça o forno a 190ºC.

Coloque os biscoitos em um saco plástico e amasse com um rolo de macarrão até ficarem bem triturados.

Em uma panela, derreta a manteiga. Junte o biscoito triturado e o açúcar e misture bem. Espalhe a mistura de biscoito sobre toda a base e as laterais da fôrma de fundo removível, pressionando levemente com as costas da colher. Leve ao forno por 8-10 minutos, retire e deixe esfriar. Mantenha o forno ligado.

Bata as gemas e as raspas de limão por cerca de 5 minutos, até obter um creme claro, espesso e fofo. Acrescente o leite condensado aos poucos, sem parar de bater, e bata por mais 5 minutos, até o creme engrossar. Então adicione o suco de limão, uma colherada por vez, de modo que o creme continue fofo.

Despeje o recheio na massa assada já fria e asse por aproximadamente 15 minutos ou até ficar firme, mas um pouco oscilante no centro. Transfira para uma grade aramada e deixe esfriar por 30 minutos. Cubra e leve à geladeira por pelo menos 2 horas.

Para servir, bata o creme de leite com o açúcar de confeiteiro até ficar em ponto de chantili – encorpado, mas com uma textura fácil de espalhar (não bata demais). Espalhe o chantili ou faça picos sobre a torta e decore com rodelas de limão. Outra opção é decorar a torta só com rodelas de limão e servir acompanhada de uma colherada de chantili.

Granita de café

A granita é um meio-termo entre um sorbet e um café gelado, nevado. É deliciosamente refrescante no verão – tanto para tomar quanto como uma sobremesa leve.

4 colheres de sopa de café moído
700 ml de água em ponto de fervura
75 g de açúcar
creme de leite fresco para servir (opcional)

um recipiente grande que possa ir ao freezer

Serve: 4 porções

Coloque o café na cafeteira. Despeje a água quente sobre o café e deixe em infusão por cerca de 5 minutos antes de pressionar o êmbolo.

Despeje o café no recipiente. (Não deve ter mais do que 2-3 cm de profundidade.) Polvilhe com o açúcar, mexa até dissolver e deixe esfriar.

Leve ao congelador por aproximadamente 2 horas, ou até o café começar a congelar. Utilize um garfo para quebrar os cristais de gelo e leve ao congelador por mais 2 horas, quebrando os cristais de gelo a cada 30 minutos, até obter uma mistura gelada espessa de cristais de gelo finos, similar à neve. Com uma colher, coloque em copos grandes ou taças e sirva puro ou com creme de leite fresco por cima.

Pêssego e framboesa em espumante

Este digestivo para depois do jantar é equivalente a um Bellini – e muito mais agradável para passar o tempo em uma noite quente de verão. Pêssego e prosecco são o casamento perfeito.

4 pêssegos bem maduros
4 colheres de sopa de açúcar
4 colheres de sopa de licor de framboesa
100 g de framboesa, mais um pouco para servir
1 garrafa de vinho prosecco gelado

Serve: 4 taças

Descasque e fatie os pêssegos em uma tigela. Misture com o açúcar, o licor e as framboesas. Tampe e leve à geladeira por pelo menos 1 hora.

Quando estiver pronto para servir, use uma colher para colocar os pêssegos macerados em 4 taças grandes. Complete com o prosecco à mesa, adicione algumas framboesas e sirva com colheres compridas.

Queijo para dois

Quando pensamos em tábuas de queijo, logo vêm à cabeça grandes quantidades, mas este é um prazer que fará todo amante de queijo se sentir paparicado e é uma parte de um jantar romântico fácil de preparar. Nosso instinto quando servimos para apenas duas pessoas é simplesmente comprar menos queijo, mas, embora essa possa ser uma boa estratégia com o queijo certo, pode parecer pouco generosa. Em vez de servir pedaços grandes de queijo, corte-os em porções individuais e coloque dois de cada na tábua.

• *Uma tábua de queijos farta para dois.* Você pode oferecer duas bolinhas de queijo de cabra, dois pedaços de camembert ou outro queijo de casca branca, dois pedaços de beaufort e duas folhas de radicchio cobertas com uma colherada de um queijo azul macio, como o gorgonzola ou o cashel blue. Acompanhe com dois potinhos de chutney ou compota de frutas, acrescente algumas uvas ou um par de figos frescos, pãezinhos caseiros ou fatias de pão de canela e passas e alguns grissini rústicos artesanais, e você terá uma bela tábua.

• *Um prato de queijos romântico para dois.* Para uma ocasião mais romântica, você pode servir o Coeur de Neufchâtel, em forma de coração, ou um queijo coberto com trufas, como o Caprini Tartufo. Outra possibilidade é cortar um queijo de vaca pequeno e redondo em fatias horizontais e intercalar com lascas finas de trufas negras, pressioná-las, embrulhar com filme plástico e deixar na geladeira da noite para o dia para o queijo pegar o sabor das trufas. Sirva com champanhe rosé.

• *Uma tábua de queijos de verão para dois.* Para um encontro de verão, pense em combinar queijos e frutas: deleite seu companheiro com pedaços finos de Chaource, morangos silvestres e uma taça de espumante rosé.

• *Um mini-fondue para dois.* Às vezes as ideias mais simples são as mais deliciosas! Você pode assar um camembert inteiro e ficará saboroso como a melhor das fondues. Simplesmente tire o queijo da caixa e remova o invólucro. Coloque o queijo de volta na caixa e esfregue levemente a superfície com um dente de alho; fure a superfície do queijo com um palito em alguns lugares e tampe a caixa novamente. Leve ao forno preaquecido a 200°C por cerca de 25 minutos, até o queijo estar maravilhosamente derretido. Sirva com pão italiano e grissini ou batatinha cozida para mergulhar no queijo derretido.

Pratos de queijos da estação

Celebre as mudanças servindo queijos de um jeito diferente de acordo com a estação. Veja a seguir algumas ideias, mas experimente com o que tiver disponível.

Na primavera

A primavera é época de apreciar os primeiros frutos da nova estação, que felizmente formam um par perfeito com os queijos jovens. Decore seus pratos de queijos com folhas e ervas, acompanhadas de frios e de um vinho branco refrescante, e celebre o fim do inverno.

• Sirva uma fatia de queijo de cabra marinado no azeite e grelhado com uma salada de ervas ou aspargos assados ou no vapor. Uma opção é espalhar o queijo de cabra fresco ou um queijo branco despedaçado sobre algumas folhas de salada verde. É perfeito com sauvignon blanc ou uma aromática cerveja de trigo belga.

• Sirva dois queijos de cabra contrastantes para possibilitar a comparação – um bem jovem e ainda macio, o outro mais firme e mais maduro, com biscoitos aromatizados com alecrim e algumas azeitonas marinadas com ervas. Desta vez, acompanhe com um rosé refrescante.

• Faça como os italianos e sirva favas cozidas e peladas, fatias finas de pecorino e pedaços de *carta da musica*, um pão crocante típico da Sardenha, com uma taça de vermentino.

• Outra ideia italiana para um aperitivo simples, mas sofisticado: tiras de focaccia, lascas de parmesão e uma taça de prosecco.

No verão

Aproveite a variedade de frutas e legumes frescos para apreciar seus queijos: frutas vermelhas, melancia, pêssego, damasco, tomate e pimentão. Não tenha medo de acrescentar um toque picante. Pimenta e alho combinam com queijo.

• Prepare pequenas tapas de fatias finas de queijo de ovelha com pimentão assado e amêndoa e sirva acompanhadas de um bom xerez. Ou faça como os bascos e sirva com uma compota de cereja e uma taça de vinho tinto frutado.

• Sirva uma refeição britânica típica: um bom pedaço de cheddar curado, fatias grossas de presunto, uma colherada de chutney, maçã, pão cascudo e uma tradicional cerveja Pale Ale inglesa.

• Combine cubos de melancia, feta esfarelado, sementes de abóbora, azeite e vinagre balsâmico.

• Sirva um queijo cremoso, como Explorateur, Robiola ou Brillat-Savarin, com um pêssego e uma taça de vinho de sobremesa.

• Sirva um antepasto com fatias de erva-doce, salame, muçarela e alcachofra grelhada ou assada ou tomate assado e grissini. Para beber, um vinho leve italiano, branco ou tinto.

• Um arraso: um pedaço de brie, algumas cerejas frescas e uma pequena taça de licor de cereja ou uma cerveja belga de cereja.

No outono

O outono é o apogeu de alguns dos ingredientes que mais combinam com queijo: maçã, pera, uva, figo e nozes.

• Sirva um pedaço de camembert maduro com fatias de maçã refogada e uma taça de Pommeau.

• Um clássico, mas não por isso menos adequado: fatias finas de manchego com marmelada e um Xerez Palo Cortado.

• Experimente pera madura, pecorino e Poire William gelada: simples e perfeito.

• Figos frescos ou assados com gorgonzola e uma taça de Maury, um vinho tinto doce da região de Roussillon, na França.

• Para um toque indiano: espalhe um queijo de casca lavada como o munster-géromé sobre sementes de cominho assadas, com chutney de manga e tiras de pão naan quente. Sirva com um gewurztraminer ou com uma cerveja Indian Pale Ale.

• Dois queijos azuis diferentes – um de leite de vaca, outro de leite de ovelha – com uma salada de folhas verdes e nozes temperada com molho de óleo de nozes. Delicioso com um chardonnay encorpado.

• Um prato de queijo e geleia: geleia de uva e brie ou geleia de Sauternes e stilton.

No inverno

Os pratos de queijos de inverno podem aproveitar todas as frutas preservadas disponíveis – uvas-passas, tâmaras e figos grandes e deliciosos –, bem como uma variedade de licores e vinhos fortificados típicos dessa época do ano.

• Um trio espanhol de cabrales (um dos melhores queijos azuis do mundo), uva-passa e Xerez Pedro Ximénez.

• Uma combinação impressionante: fourme d'ambert, pão de nozes torrado, kinkan em calda e Grand Marnier.

• Duas maneiras italianas de servir o gorgonzola. Regue com mel de castanheiro e sirva com panetone grelhado e Vin Santo, ou sirva com uma fatia fina de panforte e uma taça de Marsala.

• Stilton, biscoitos de aveia e licor de ameixa – uma combinação tão boa quanto com vinho do Porto.

• Stilton e Barley wine (uma cerveja do tipo Pale Ale bem forte). Ales fortes são maravilhosas com queijos azuis.

• Finas fatias de mimolette ou de gouda com tâmara medjool, figo seco, nozes e vinho do Porto.

• Um bocado de um bom cheddar do campo, castanha-do-pará e Xerez oloroso doce.

Receitas ao forno

Pão branco simples

Esta é uma receita simples para iniciá-los em sua aventura pela mundo da panificação.

300 g de farinha de trigo especial
1 colher de chá de sal
3 g de fermento biológico fresco ou
2 g de fermento biológico seco
200 ml de água morna

uma fôrma para pão de 500 g untada com óleo vegetal

Rende: 1 pão de fôrma pequeno

Em uma tigela (menor), misture a farinha e o sal e reserve. Essa é a mistura seca. Em outra tigela (maior), meça o fermento. Acrescente água ao fermento e mexa até dissolver. Essa é a mistura úmida.

Junte a mistura seca à mistura úmida. Mexa as duas misturas com uma colher de madeira e então com as mãos, até formar uma massa. Use uma espátula de silicone para raspar bem a lateral da tigela e garantir que todos os ingredientes fiquem bem misturados. Cubra com a tigela que continha a mistura seca e deixe descansar por 10 minutos.

Depois de 10 minutos, a massa está pronta para ser sovada. Deixando-a na tigela, puxe uma porção da massa das laterais para cima e pressione-a no meio. Vire um pouco a tigela e repita esse processo com outra porção de massa. Repita outras oito vezes. O processo todo deve levar apenas uns 10 segundos e a massa deve começar a opor resistência.

Cubra a tigela novamente e deixe descansar por 10 minutos. Agora repita duas vezes o processo de sovar/descansar. Depois de sovar pela segunda vez, a massa deve apresentar resistência firme quando você a puxar. Depois de sovar pela terceira vez, a massa deve estar bem homogênea. Sove uma quarta vez. Depois disso, você deve ter uma bola de massa homogênea quando a virar na tigela. Agora cubra a bola novamente e deixe descansar por 1 hora. Quando a massa dobrar de volume, pressione-a levemente com o punho cerrado para liberar o ar.

Enfarinhe levemente uma superfície de trabalho. Tire a bola de massa da tigela e coloque sobre a superfície enfarinhada. Achate a massa com cuidado, dando-lhe forma oval. Dobre a ponta direita em direção ao meio; e ponta esquerda em direção ao meio. Pressione levemente para unir a massa. Agora você tem uma forma mais ou menos retangular.

É hora de começar a dar à massa a forma de pão: puxe e dobre o terço superior do retângulo em direção ao meio, pressionando a massa. Gire a massa 180° e então repita o processo de puxar e dobrar. Repita até obter uma forma razoavelmente plana, mais ou menos do tamanho de sua fôrma de pão. Coloque a massa dentro da fôrma untada, com o lado das dobras para baixo. Cubra a fôrma com a tigela grande ou com um saco plástico limpo (aberto) e deixe crescer até quase dobrar de tamanho – cerca de 30-45 minutos.

Por volta de 20 minutos antes de assar, preaqueça o forno a 240°C, ou o máximo que seu forno alcançar. Coloque uma assadeira na grade inferior do forno para preaquecer. Encha uma xícara de água e reserve.

Quando a massa terminar de crescer, tire a tigela ou o saco plástico. Coloque o pão no forno, despeje a xícara reservada de água sobre a assadeira quente para formar vapor e abaixe a temperatura do forno para 200°C.

Asse por 35 minutos, até dourar bem. Para verificar se está bem assado, desenforme e dê uma pancadinha na parte de baixo – deve soar oco. Se não, volte ao forno por alguns minutos. Se estiver pronto, deixe esfriar sobre uma grade aramada.

Pãozinho

Estes pãezinhos são uma excelente alternativa ao pão de fôrma para fazer sanduíches.

200 g de farinha de trigo especial
4 g de sal
6 g de fermento biológico fresco ou
 3 g de fermento biológico seco
130 ml de água morna

uma assadeira forrada com papel-
 -manteiga

Rende: 4 unidades

Faça a receita de pão branco simples da p.145 usando os ingredientes listados aqui, mas seguindo as instruções até o fim do parágrafo 5. Divida a massa em 4 porções iguais usando uma espátula de metal ou uma faca de serra afiada.

Pegue uma porção de massa e enrole nas mãos até obter uma bola perfeitamente redonda e lisa. Achate levemente um dos lados e acomode na assadeira untada, com o lado achatado para baixo. Repita com a massa restante. Cubra os pãezinhos com uma tigela grande. Deixe crescer até quase dobrar de tamanho – cerca de 15-20 minutos.

Enquanto isso, preaqueça o forno a 240ºC ou o máximo que seu forno alcançar. Coloque uma assadeira na grade inferior do forno para preaquecer. Encha uma xícara com água e reserve.

Quando os pãezinhos terminarem de crescer, tire a tigela que os cobria. Coloque os pãezinhos no forno preaquecido, despeje a xícara de água na assadeira quente para formar vapor e abaixe a temperatura do forno para 200ºC. Asse por 15 minutos, ou até dourar bem. Para verificar se estão prontos, vire um dos pãezinhos e dê uma pancadinha na parte de baixo – deve soar oco. Se não, volte ao forno por alguns minutos. Se estiverem prontos, deixe esfriar sobre uma grade aramada.

Pão de milho

Este pão livre de glúten é ótimo para molhar em guisados e molhos.

200 g de farinha de milho fina
50 g de fécula de batata
5 g de sal
5 g de fermento biológico fresco ou
 3 g de fermento biológico seco
200 ml mais 1 colher de sopa de água
 morna
50 g de milho cozido (fresco, congelado
 ou enlatado e escorrido)

uma fôrma de 16 cm de diâmetro bem untada com óleo vegetal

Rende: 1 pão pequeno

Em uma tigela (menor), misture a farinha, a fécula de batata e o sal e reserve. Essa é a mistura seca. Em outra tigela (maior), meça o fermento. Acrescente a água e mexa bem até o fermento dissolver. Essa é a mistura úmida.

Junte a mistura seca e o milho cozido à mistura úmida e mexa com uma colher de pau. A mistura deve ter a consistência de iogurte. Se não, acrescente um pouco mais de água à mistura. Cubra e deixe descansar por 1 hora.

Despeje a mistura na fôrma já untada. Cubra e deixe crescer até atingir a borda superior da fôrma – 30-45 minutos. Mais ou menos na metade do tempo de crescimento, preaqueça o forno a 240ºC. Coloque uma assadeira na grade inferior do forno para preaquecer. Encha uma xícara com água e reserve.

Quando a massa terminar de crescer, leve ao forno, despeje a xícara de água na assadeira quente e abaixe a temperatura para 220ºC.

Asse o pão por cerca de 35 minutos, até dourar bem. Deixe esfriar dentro da fôrma e coma quente ou frio, cortado em fatias.

Pão de azeitona e ervas

Este pão é maravilhoso para servir com uma travessa de carnes curadas e potinhos de azeitona, como aperitivo ou como entrada.

40 g de azeitona verde sem caroço ou recheada com pimentão
40 g de azeitona preta sem caroço
1 colher de chá de mix de ervas secas, como ervas finas
250 g de farinha de trigo especial
4 g de sal
3 g de fermento biológico fresco ou 2 g de fermento biológico seco
180 ml de água morna

uma assadeira forrada com papel-manteiga

Rende: 1 pão pequeno

Misture as azeitonas com as ervas e reserve.

Em uma tigela (menor), misture a farinha e o sal e reserve. Essa é a mistura seca.

Em outra tigela (maior), meça o fermento, acrescente a água e mexa até dissolver. Essa é a mistura úmida.

Junte a mistura seca à mistura úmida. Mexa as duas misturas com uma colher de pau e então com as mãos, até formar uma massa. Cubra com a tigela que continha a mistura seca e deixe descansar por 10 minutos.

Depois de 10 minutos, acrescente a mistura de azeitonas à massa. Sove delicadamente como no parágrafo 3 da p. 145, até incorporar bem a mistura de azeitonas. Cubra a tigela novamente e deixe descansar por 10 minutos. Repita esse processo duas vezes e deixe descansar por mais 10 minutos. Cubra a tigela novamente e deixe crescer por 1 hora.

Quando a massa tiver dobrado de tamanho, pressione-a com o punho cerrado para liberar o ar.

Enfarinhe levemente uma superfície de trabalho. Tire a bola de massa da tigela e coloque sobre a superfície enfarinhada. Abra com cuidado de modo que forme um retângulo comprido. Dobre o terço esquerdo do retângulo em direção à direita; então dobre o terço direito em direção à esquerda. Pressione levemente para unir a massa. Agora você terá um pão retangular.

Vire o pão, coloque na assadeira untada e polvilhe com farinha. Cubra e deixe crescer até quase dobrar de tamanho – cerca de 30-45 minutos.

Cerca de 20 minutos antes de assar, preaqueça o forno a 240°C. Coloque uma assadeira na grade inferior do forno para preaquecer. Encha uma xícara com água e reserve.

Quando a massa terminar de crescer, leve o pão ao forno, despeje a xícara de água na assadeira quente para formar vapor e abaixe a temperatura do forno para 200°C.

Asse o pão por cerca de 35 minutos, até dourar bem. Para verificar se está bem assado, vire e dê uma pancadinha na parte de baixo – deve soar oco. Se não, volte ao forno por alguns minutos. Se estiver pronto, deixe esfriar sobre uma grade aramada.

Cookie de coco com gotas de chocolate

Faça estes cookies em forma de coração para o Dia dos Namorados!

130 g de farinha sem glúten à sua escolha
60 g de coco ralado sem açúcar
1 colher de chá de fermento em pó
½ colher de chá de bicarbonato de sódio
½ colher de chá de sal
60 ml de óleo de coco
100 ml de xarope de agave
1 colher de chá de essência de baunilha
85 g de gotas de chocolate meio amargo

uma assadeira forrada com papel-alumínio
um cortador de biscoito em forma de coração (opcional)

Rende: 15-16 unidades

Preaqueça o forno a 180ºC.

Misture a farinha, o coco ralado, o fermento, o bicarbonato de sódio e o sal em uma tigela grande. Você pode peneirar o fermento e o bicarbonato de sódio com a farinha, uma vez que é essencial que eles fiquem bem distribuídos na massa dos cookies.

O óleo de coco deve estar líquido. Se não estiver, coloque em uma panela em fogo baixo e deixe derreter, e deixe esfriar completamente. Meça exatamente 60 ml; às vezes pode ser um pouco mais ou menos do que a quantidade inicial. Misture o óleo de coco, o xarope de agave e a essência de baunilha. Eles não se mesclarão facilmente, porque o óleo e o agave têm consistências diferentes, por isso mexa bem. Despeje a mistura úmida sobre a tigela de ingredientes secos e mexa com uma colher de pau. Acrescente as gotas de chocolate. Com as mãos, forme uma bola com a massa, incorporando bem as gotas de chocolate.

Pegue 1 colher de sopa generosa de massa, comprima-a com as mãos e forme uma bola. Você pode achatar levemente as bolas na assadeira untada para fazer cookies redondos ou pressionar a bola de massa no cortador de cookies para moldá-la no formato de coração. Não se preocupe se a massa parecer um pouco oleosa – é normal. Leve ao forno por cerca de 10-12 minutos, até começar a dourar. Tire a assadeira do forno e, usando uma espátula, transfira os cookies para uma grade aramada e deixe esfriar.

Biscoito de gengibre

O biscoito de gengibre é crocante e simplesmente irresistível.

100 g de manteiga
50 g de açúcar mascavo
225 g xícara de farinha de trigo comum
¾ colher de chá de bicarbonato de sódio
2 colheres de chá de gengibre em pó
1 colher de chá de canela em pó
4 colheres de sopa de xarope de milho
1 colher de melaço
miniconfeito de chocolate, para decorar

um cortador de biscoito em forma de boneco de 7-8 cm
2 assadeiras levemente untadas com manteiga

Rende: 18 unidades

Aqueça a manteiga e o açúcar em uma panela pequena até derreter, mexendo de vez em quando. Tire a panela do fogo e deixe esfriar um pouco.

Peneire a farinha, o bicarbonato de sódio, o gengibre e a canela em pó na tigela de uma batedeira e despeje por cima a mistura de manteiga derretida. Acrescente o xarope de milho e o melaço e bata até misturar bem. Forme uma bola, embrulhe em filme plástico e leve à geladeira por 30 minutos.

Preaqueça o forno a 190ºC. Divida a massa em duas porções e abra uma metade sobre uma superfície levemente enfarinhada, até ficar com cerca de 5-6 mm de espessura. Corte os biscoitos com o cortador e disponha-os em uma das assadeiras untadas. Faça uma nova bola com a massa e volte a abri-la; continue recortando biscoitos. Com as sobras da massa, faça os olhos e a boca e acrescente miniconfeitos de chocolate para os botões.

Repita com a outra metade da massa. Leve os biscoitos ao forno por cerca de 8 minutos, até estarem assados e um pouco mais firmes ao toque. Deixe esfriar sobre uma grade aramada.

Quadrados de streusel e marzipã de cereja

Também ficam uma delícia com geleia de ameixa ou de framboesa.

100 g de farinha de trigo comum
50 g de manteiga fria cortada em cubos
1 colher de sopa de açúcar de confeiteiro
5 colheres de geleia de cereja

Para a cobertura de *streusel*
75 g de farinha de trigo comum
75 g de açúcar cristal
25 g de manteiga em temperatura ambiente cortada em cubos
50 g de marzipã cortado em cubos
50 g de cereja em calda picada
50 g de lascas de amêndoa

Para a camada de amêndoas
100 g de manteiga em temperatura ambiente cortada em cubos
75 g de açúcar
2 ovos grandes batidos
100 g de farinha de amêndoa
25 g de farinha de trigo comum

uma fôrma quadrada de 18 cm, de preferência com fundo removível, untada com óleo

Rende: 12 unidades

Para a massa, bata a farinha, a manteiga e o açúcar na batedeira até a mistura adquirir o aspecto de migalhas de pão. Acrescente 2 colheres de sopa de água fria e bata novamente. Adicione mais algumas gotas de água, se necessário, para formar uma massa.

Vire a massa sobre uma superfície levemente enfarinhada e abra até ficar com cerca de 3-4 mm de espessura. Recorte as bordas com uma faca afiada para fazer um quadrado de 19 cm de lado. Forre a fôrma com a massa – ficará um pouco maior que a base da fôrma. Leve à geladeira por 3 minutos.

Preaqueça o forno a 200°C.

Para fazer a cobertura de *streusel*, coloque a farinha e o açúcar na batedeira. Acrescente a manteiga e bata até a mistura ficar farelenta. Despeje em uma tigela, se necessário, e junte o marzipã, a cereja e a amêndoa.

Para fazer a camada de amêndoas, bata todos os ingredientes na batedeira até misturar bem.

Espalhe a geleia de cereja sobre a base de massa gelada. Coloque colheradas da mistura de amêndoa sobre a geleia e espalhe com uma espátula. Espalhe a cobertura de *streusel* por cima. Coloque a fôrma numa assadeira rasa e leve ao forno por cerca de 40 minutos, até começar a dourar. Cubra com papel-alumínio nos últimos minutos para evitar que doure demais. Deixe esfriar na fôrma antes de cortar em 12 quadrados.

Blondie de café

Uma dica bacana é utilizar um descascador de legumes para cortar raspas de chocolate branco e preto para decorar estes quadrados com ares de cappuccino.

100 g de nozes-pecã
200 g de açúcar mascavo
175 g de manteiga
3 colheres de sopa de café instantâneo
2 ovos batidos
250 g de farinha de trigo comum
2 colheres de chá de fermento em pó
uma pitada de sal
100 g de gotas de chocolate meio amargo

Para decorar

200 ml de creme de leite fresco
2 colheres de sopa de açúcar de confeiteiro
raspas de chocolate branco e preto
grãos de café cobertos com chocolate

uma assadeira de 20 x 30 cm untada e forrada com papel-manteiga

Rende: 16-20 unidades

Preaqueça o forno a 170°C.

Coloque as nozes-pecã em uma assadeira e torre levemente no forno preaquecido por 5 minutos. Pique grosseiramente e deixe esfriar. Deixe o forno ligado para os *blondies*.

Derreta o açúcar mascavo e a manteiga em uma panela em fogo médio-baixo, mexendo sempre. Em uma tigela pequena, dissolva o café instantâneo em 1½ colher de sopa de água fervente. Coloque 2/3 na panela (reserve o resto para a cobertura). Tire do fogo, transfira a mistura para uma tigela e deixe esfriar completamente.

Acrescente os ovos batidos à panela e mexa até ficar homogêneo. Peneire a farinha, o fermento e o sal na panela e mexa até misturar bem; junte as gotas de chocolate e as nozes--pecã. Despeje a mistura na assadeira untada, espalhe de maneira uniforme e leve à grade do meio do forno por 25 minutos, até ficar firme no meio e formar uma crosta fina na superfície. Tire do forno e deixe esfriar completamente na assadeira.

Para decorar, bata o creme com o café reservado e o açúcar. Tire o *blondie* da assadeira, corte em pedaços, cubra com uma colherada de creme de café e espalhe as raspas de chocolate e os grãos de café por cima.

Friand de limão e mirtilo

Se você nunca comeu um friand, *logo se tornará fã.*
É um bolinho de textura leve parecido com o financier francês.

125 g de manteiga
75 g de avelã descascada e pelada
125 g de açúcar de confeiteiro
100 g de farinha de trigo comum
raspas finas de 2 limões
175 g de mirtilo
4 claras

Para a calda de limão
suco de 1 limão pequeno
40 g de sopa de açúcar

uma assadeira para 9 muffins bem untada

Rende: 9 unidades

Preaqueça o forno a 200°C. Derreta a manteiga e deixe esfriar um pouco.

Bata as avelãs no liquidificador até triturar bem. Peneire o açúcar de confeiteiro e a farinha em uma tigela grande. Misture as avelãs trituradas, as raspas de limão e os mirtilos.

Bata as claras em neve. Com uma colher grande de metal, incorpore metade das claras à mistura de farinha com metade da manteiga derretida. Incorpore a outra metade das claras e da manteiga derretida. Distribua a mistura na assadeira para *muffins* já untada. Leve ao forno por 20 minutos.

Para preparar a calda, aqueça o suco de limão e o açúcar em uma panela pequena, mexendo sempre, até o açúcar dissolver. Deixe os *friands* assados esfriarem por 5 minutos; faça alguns furos na superfície de cada um com a ponta de uma faca pequena e afiada. Regue os *friands* ainda quentes com um pouco de calda de limão para que penetre. Mantenha os *friands* na assadeira até esfriarem completamente antes desenformá-los.

Cookie com gotas de chocolate

Esta receita é diferente da tradicional, pois é vegana (mas igualmente deliciosa!).

125 ml de leite de amêndoa
2 colheres de sopa de óleo de linhaça ou linhaça triturada
285 g de farinha de espelta
75 g de cacau em pó
1¼ colher de chá de bicarbonato de sódio
125 ml de óleo de girassol
190 g de adoçante granulado da sua preferência
1 colher de sopa de essência de baunilha
175 g de gotas de chocolate meio amargo

2 assadeiras forradas com papel-alumínio

Rende: aproximadamente 16 unidades

Preaqueça o forno a 180°C.

Misture o leite de amêndoa e o óleo de linhaça ou a linhaça triturada e deixe descansar por alguns minutos para engrossar. À parte, misture a farinha, o cacau em pó e o bicarbonato de sódio em uma tigela grande.

Acrescente o óleo de girassol, o adoçante e a essência de baunilha à mistura de leite e linhaça e mexa bem. Depois de 5 minutos você verá a mistura engrossar ainda mais.

Despeje a mistura líquida na tigela de ingredientes secos e mexa bem. Parecerá líquido demais para uma massa de cookie, mas deixe descansar por 10-15 minutos e verá a diferença. Depois que engrossar, mexa de novo.

Pegue pedaços de massa um pouco menores que uma bola de golfe e enrole com as mãos. Achate para formar discos com cerca de 1 cm de espessura e acomode-os nas assadeiras untadas. Os cookies crescerão ao assar; deixe bastante espaço entre eles. Leve ao forno por cerca de 7 minutos; parecerão moles demais, mas endurecerão ao esfriar. Transfira os cookies com cuidado para uma grade aramada e deixe esfriar completamente. Continuarão pegajosos e macios no meio.

Bolinho de maracujá

Estes belos bolinhos parecem borboletas de verão esvoaçando sobre um prato.

3 maracujás
115 g de manteiga sem sal em temperatura ambiente
115 g de açúcar
2 ovos
115 g de farinha de trigo com fermento
1 colher de chá de fermento em pó

Para decorar
6 maracujás
150 g de mascarpone
4 colheres de sopa de açúcar de confeiteiro

uma assadeira para 12 cupcakes *forrada com forminhas de papel*

Rende: 12 unidades

Preaqueça o forno a 180°C.

Corte os maracujás ao meio e transfira a polpa para uma peneira colocada sobre uma tigela. Pressione com a parte de trás de uma colher de chá para extrair o suco. Em outra tigela, bata a manteiga e o açúcar até obter um creme claro e esponjoso; então incorpore os ovos, um por vez. Peneire a farinha e o fermento em pó sobre a mistura e mexa bem. Misture o suco de maracujá.

Distribua a massa nas forminhas e asse por 17 minutos, até crescer e dourar. Para saber se está pronta, enfie um palito no meio; deve sair limpo. Deixe esfriar sobre uma grade aramada.

Para decorar, corte os maracujás ao meio e transfira a polpa para uma peneira colocada sobre uma tigela. Pressione com uma colher de chá para extrair o suco; acrescente o mascarpone e peneire o açúcar. Misture até obter um creme homogêneo. Cubra e leve à geladeira por cerca de 30 minutos para engrossar. Corte a tampa de cada bolinho e então corte cada tampa ao meio. Coloque uma colherada generosa do creme de mascarpone sobre cada bolinho e acomode as duas metades da tampa por cima, dispondo-as em um ângulo que faça lembrar asas. Polvilhe açúcar de confeiteiro e sirva.

Cupcake de água de rosas

Aromatizados com água de rosas, estes belíssimos cupcakes cor-de-rosa são um mimo perfeito para um chá da tarde.

115 g de manteiga sem sal em temperatura ambiente
115 g de açúcar
2 ovos
115 g de farinha de trigo com fermento
1 colher de sopa de água de rosas

Para decorar
12 pétalas de rosas cor-de-rosa
1 clara batida
1 colher de sopa de açúcar
1½-2 colheres de suco de limão-siciliano
145 g de açúcar de confeiteiro peneirado
corante alimentício cor-de-rosa

uma assadeira para 12 cupcakes, *forrada com forminhas de papel*

Rende: 12 unidades

Preaqueça o forno a 180°C.

Bata a manteiga e o açúcar em uma tigela até obter um creme claro e esponjoso; acrescente os ovos, um por vez. Peneire a farinha sobre a mistura e incorpore, e então adicione a água de rosas.

Distribua a massa nas forminhas de papel e leve ao forno por cerca de 17 minutos, até crescer e dourar. Para saber se está pronta, enfie um palito no meio; deve sair limpo. Deixe esfriar sobre uma grade aramada.

Para decorar, pincele cada pétala de rosa com clara de ovo, polvilhe açúcar de confeiteiro e deixe secar por aproximadamente 1 hora.

Coloque 1½ colher de sopa de suco de limão em uma tigela, peneire o açúcar de confeiteiro e misture até dissolver. Se necessário, acrescente um pouco mais de suco de limão para fazer uma cobertura de textura suave e fácil de manusear. Adicione uma ou duas gotas de corante alimentício para obter uma cobertura cor-de-rosa claro, e então espalhe sobre os *cupcakes*. Finalize cada *cupcake* com uma pétala de rosa açucarada. Deixe firmar antes de servir.

Pão de ló vitoriano com recheio de morango e hortelã

Quanto mais fresquinho, mais gostoso fica este bolo clássico. Também é delicioso recheado com geleia de framboesa ou um creme cítrico e um pouco de chantili.

200 g de manteiga sem sal em temperatura ambiente
200 g de açúcar
4 ovos grandes batidos
1 colher de chá de extrato de baunilha
200 g de farinha de trigo com fermento peneirada
2 colheres de chá de fermento em pó
uma pitada de sal
açúcar de confeiteiro, para polvilhar

Para o recheio

250 g de morango maduro
raspas de 1 limão-siciliano
2 colheres de sopa de açúcar de confeiteiro
150 g de creme de leite fresco gelado
100 g de mascarpone gelado
1 colher de sopa de folhas frescas de hortelã picadas

duas assadeiras de 20 cm de diâmetro, levemente untadas com manteiga e forradas com papel-manteiga

Serve: 16 porções

Preaqueça o forno a 180°C.

Bata a manteiga e o açúcar na batedeira por 3-4 minutos, até obter um creme claro e esponjoso. Sem desligar a batedeira, acrescente os ovos batidos um a um, seguidos da essência de baunilha, a farinha, o fermento em pó e o sal. Bata até todos os ingredientes estarem bem misturados.

Divida a mistura entre as assadeiras preparadas e espalhe uniformemente com uma espátula. Leve ao forno por cerca de 25 minutos, até crescer e começar a dourar. Deixe esfriar na assadeira por 30 minutos. Vire os bolos sobre uma grade aramada e tire os papéis da base. Deixe esfriar completamente.

Para preparar o recheio, corte os morangos em fatias finas e coloque em uma tigela com as raspas de limão e metade do açúcar de confeiteiro. Misture e deixe macerar por 30 minutos.

Em outra tigela, bata o creme de leite e o mascarpone com um batedor manual até obter um creme homogêneo. Acrescente o resto do açúcar de confeiteiro e as folhas de hortelã

Para montar, coloque um bolo sobre uma tábua ou travessa grande e espalhe o recheio. Acomode os morangos sobre o recheio. Coloque outro bolo por cima e polvilhe com açúcar de confeiteiro.

Bolo de laranja marroquino

Naturalmente livre de trigo (é feito com farinha de amêndoa) e incrivelmente úmido, mergulhado em uma calda doce de laranja, este bolo exótico e aromático é sempre um sucesso. Sirva à hora do chá ou como sobremesa.

300 g de farinha de amêndoa
250 g de xilitol
2 colheres de chá de fermento em pó
5 ovos
200 ml de óleo de girassol
2 colheres de chá de xarope de agave, mais 5 colheres de sopa para a calda
raspas e suco de 1 laranja grande
raspas e suco de ½ limão-siciliano
3 cravos-da-índia
3 paus de canela
iogurte de soja misturado com um pouco de canela em pó para servir

uma fôrma com fundo removível de 20 cm de diâmetro, forrada com papel-manteiga

Serve: 10-12 porções

Preaqueça o forno a 180°C.

Em uma tigela, misture a farinha de amêndoa, o xilitol e o fermento em pó. Em uma tigela à parte, bata os ovos, o óleo de girassol, as 2 colheres de chá do xarope de agave e as raspas de laranja e de limão. Despeje a mistura sobre os ingredientes secos e mexa bem.

Coloque a massa na assadeira untada e leve ao forno por 35-45 minutos. Para verificar se está pronto, insira um palito no meio; que deve sair seco. Se parecer que a superfície vai queimar, cubra com papel-alumínio, tomando cuidado para não pressionar o bolo. Deixe esfriar um pouco enquanto prepara a calda.

Coloque os sucos de laranja e de limão, as 5 colheres de sopa do xarope de agave, o cravo e a canela em uma panela em fogo alto. Quando levantar fervura, abaixe o fogo e cozinhe por 5 minutos.

Com o bolo ainda quente, desenforme em um prato, regue com a calda e deixe embeber bem a massa. Se não absorver tudo de uma vez, reserve um pouco para regar mais tarde. No momento de servir, empilhe os paus de canela e os cravos no centro do bolo. Sirva com uma colherada do iogurte de soja com canela em cada fatia.

Bolo veludo vermelho

Esta é uma variação de um clássico adorado, com as camadas vermelhas do recheio combinados com uma cobertura de cream cheese. Não há necessidade de um traço muito criativo ou mesmo uma mão firme para os rabiscos de chocolate – de fato, quanto mais livres e espontâneos, melhor!

350 g de farinha de trigo comum
3 colheres de chá de fermento em pó
2 colheres de sopa bem cheias de cacau em pó
1 colher de chá de bicarbonato de sódio
uma pitada de sal
225 g de manteiga em temperatura ambiente
350 g de açúcar
4 ovos grandes
1 colher de chá de essência de baunilha
1 colher de chá de corante alimentício vermelho
250 ml de leitelho*/ buttermilk em temperatura ambiente

Para decorar

200 g de chocolate amargo ou meio amargo bem picado

Para a cobertura de *cream cheese*

450 g de *cream cheese*
75 g de manteiga em temperatura ambiente
4½ colheres de sopa de mel ou *maple syrup*
1½ colher de chá de essência de baunilha ou as sementes de 1 fava de baunilha

três assadeiras de 20 cm de diâmetro, untadas e forradas com papel-manteiga untado
saco de confeiteiro descartável
2 assadeiras forradas com papel-manteiga

Serve: 10 porções

*Para o leitelho: Misture 1 xícara de leite com 1 colher de sopa de suco de limão e deixe descansar por 10 minutos.

Preaqueça o forno a 180°C.

Em uma tigela, peneire a farinha, o fermento, o cacau, o bicarbonato de sódio e o sal e reserve. Bata a manteiga e o açúcar na batedeira até obter um creme leve e fofo – pelo menos 3-4 minutos. À parte, bata os ovos e a baunilha. Aos poucos, incorpore a mistura de ovos ao creme de manteiga, em 4 ou 5 adições, mexendo bem entre cada adição e raspando a tigela de vez em quando com uma espátula de silicone. Junte o corante alimentício ao leitelho. Acrescente os ingredientes secos à batedeira, alternando com o leitelho colorido. Bata até ficar homogêneo.

Divida a mistura igualmente entre as fôrmas preparadas e nivele com uma espátula. Asse os bolos na grade do meio do forno por cerca de 20-25 minutos. Para saber se estão prontos, insira um palito no meio, que deve sair seco. Deixe esfriar nas fôrmas por 3-4 minutos e então desenforme sobre uma grade aramada para esfriar por completo.

Para fazer os rabiscos de chocolate, derreta o chocolate em banho-maria e deixe esfriar um pouco.

Coloque o chocolate derretido no saco de confeiteiro e utilize o bico fino. Faça rabiscos espiralados sobre o papel-manteiga. Leve à geladeira até firmar completamente.

No momento de montar o bolo, coloque uma das camadas do bolo em uma travessa e espalhe cerca de 3 colheres de sopa da cobertura de *cream cheese* sobre ela. Com cuidado, coloque uma segunda camada por cima e espalhe outras 3 colheres de sopa da cobertura de *cream cheese*. Por fim, cubra com a última camada de bolo e pressione levemente as três camadas juntas.

Cubra o bolo com a cobertura restante usando uma espátula.

Tire os rabiscos de chocolate da geladeira e, usando uma espátula, levante-os do papel. Pressione-os delicadamente contra a cobertura nas laterais do bolo.

Festas e comemorações

Peru ao forno com recheio de limão e ervas

Se esta é a primeira vez que vocês preparam o peru para o Natal, planejem tudo com muita antecedência e considerem pelo menos 40 minutos depois de assar o peru para que ele possa descansar no forno aquecido enquanto vocês terminam o restante. Vejam as pp. 170 e 177 para sugestões de acompanhamentos.

1 peru com miúdos
1 cebola picada grosseiramente
1 ramo de tomilho
1 folha de louro
125 g de manteiga com sal
sal marinho e pimenta-do-reino moída na hora
recheio de limão e ervas (p.170)

Para servir
rolinho de bacon (p.177)
molho de pão (p.170)
couve-de-bruxelas e panceta (p.177)

quadrados de tecido de algodão fino ou de papel-alumínio (o suficiente para cobrir o peito e as coxas)

Para tamanhos, quantidades e tempos de cozimento, ver a tabela na p. 204.

Para fazer o caldo, no dia anterior, coloque os miúdos (menos o fígado) e o pescoço cortado ao meio em uma panela. Junte a cebola, o tomilho e a folha de louro. Cubra com água e deixe ferver em fogo brando, removendo a espuma que se formar. Cozinhe por 2 horas e coe. Prove e, se necessário, reduza para intensificar o sabor.

Prepare o recheio (ver p.170). Limpe a área do pescoço e a cavidade do peru com um pano úmido e tempere o interior. Com uma colher, coloque o recheio, deixando espaço suficiente para se expandir. Isso é especialmente importante ao rechear a região do pescoço.

Preaqueça o forno a 180ºC.

Coloque metade da manteiga em uma panela e derreta em fogo baixo. Com as mãos, espalhe a manteiga restante sobre a pele do peru. Embeba o tecido de algodão fino na manteiga derretida ou unte o papel-alumínio e cubra a ave, com uma camada dupla para as coxas.

Coloque o peru em uma assadeira grande e leve ao meio do forno. Asse pelo tempo calculado de acordo com o tamanho (p. 204); nos últimos 30 minutos, a temperatura do forno deve ser elevada para 230ºC e a proteção, removida, para a pele ficar crocante. Desligue o forno, mas mantenha o peru dentro dele. Se você não tiver um segundo forno, deixe ligado, tire o peru, cubra com papel-alumínio e mantenha em um lugar aquecido.

Se desejar, transfira parte da gordura do peru para uma segunda assadeira e use para assar batatas.

Usando luvas, tire os sucos da cavidade e então passe o peru para a travessa em que será servido. Coloque-o de volta no forno, deixando a porta aberta até a temperatura diminuir. Despeje os sucos da carne, de preferência em um separador de molho, para remover a gordura. Reaqueça com o caldo. Use para encher uma molheira, reservando o restante em uma garrafa térmica para quem quiser repetir. Sirva com todos os seus acompanhamentos favoritos.

Acompanhamentos para o peru

Estes são alguns dos acompanhamentos clássicos para o peru assado, mas consulte também a p. 177 para mais sugestões.

Para o molho de vinho

4 colheres de sopa de gordura da assadeira
8 colheres de sopa de vinho tinto
2 colheres de sopa de farinha de trigo
1 litro de água ou de caldo bem forte
sal e pimenta-do-reino moída na hora

Serve: 8-10 porções

Para o molho de pão

½ cebola bem picada
½ colher de chá de tomilho seco
3 cravos-da-índia
500 ml de leite
100 g de farinha de rosca fresca
75 g de manteiga sem sal (opcional)
2 colheres de sopa de creme de leite fresco (opcional)
sal e pimenta-do-reino moída na hora

Serve: 8-10 porções

Para o molho de *cranberry*

100 g de *cranberry* fresco
100 ml de vinagre de maçã
um pedaço de 3 cm de gengibre ralado
½ pau de canela
1 colher de chá de zimbro moído/
2 cravos-da-índia
¼ xícara de açúcar demerara

Rende: cerca de 250 ml

Para o recheio de limão e ervas

2 ovos
125 g de manteiga derretida
um punhado de folhas frescas de salsinha
1 colher de chá de tomilho fresco
raspas e suco de 1 limão-siciliano
225 g de farinha de rosca fresca
sal e pimenta-do-reino moída na hora

Rende: o suficiente para um peru/ frango grande

Para o molho de vinho
Em uma panela, aqueça as 4 colheres de sopa de gordura reservadas, acrescente o vinho e reduza para 3 colheres de sopa. Junte a farinha, misture bem até dissolver completamente e então despeje o caldo ou a água. Mexa sempre em fogo baixo até ferver. Tempere com sal e pimenta-do-reino. Coe em uma panela limpa se necessário, reaqueça e sirva.

Para o molho de pão
Coloque a cebola, o tomilho, o cravo-da-índia e o leite em uma panela em fogo baixo. Quando levantar fervura, cozinhe por 5 minutos. Tire do fogo e deixe descansar por 1 hora. Remova os cravos e acrescente a farinha de rosca e, se estiver usando, a manteiga e o creme de leite. Reaqueça até quase ferver. Mexa bem e tempere com sal e pimenta-do-reino a gosto. Deixe descansar por 10 minutos para engrossar. Se necessário, reaqueça antes de servir.

Para o molho de *cranberry*
Em uma panela, coloque os cranberries, o vinagre, o gengibre, a canela, o zimbro e os cravos e cozinhe até as frutas começarem a se partir; acrescente água se parecer que está secando. Adicione o açúcar e cozinhe por cerca de 20 minutos. Remova os cravos e o pau de canela. Verifique a consistência – deve parecer uma geleia. Se não, cozinhe um pouco mais.

Para o recheio de limão e ervas
Bata os ovos, a manteiga, a salsinha, o tomilho, as raspas e o suco de limão no liquidificador até obter um purê homogêneo. Despeje sobre a farinha de rosca fresca e misture bem. Tempere a gosto com sal e pimenta-do-reino.

Pernil glaceado

Uma maneira simples de servir muitas pessoas, esta receita dá um toque picante ao clássico pernil assado. Escolha um molho de pimenta doce de boa qualidade, de preferência um que contenha gengibre, alho e suco de limão, pois dará um sabor mais complexo além da ardência agradável da pimenta.

3-4 ramos de tomilho fresco
2 folhas frescas de louro
ramos de salsinha
1 peça de 4,5 kg de pernil suíno com osso
1 cenoura picada grosseiramente
1 cebola picada grosseiramente
2 talos de aipo picados grosseiramente
7-8 grãos de pimenta-do-reino
3 cravos-da-índia
1 lata de cerveja stout (como Guinness ou Mackeson)
3 colheres de sopa de molho de pimenta doce
2 colheres de sopa de *maple syrup*
2 colheres de sopa de mostarda de Dijon

barbante de cozinha
caçarola com tampa

Serve: 12-14 porções

Amarre o tomilho, as folhas de louro e a salsinha com barbante de cozinha para fazer um buquê garni.

Coloque o pernil na caçarola e acrescente o buquê garni, a cenoura, a cebola, o aipo, a pimenta-do-reino, os cravos e a cerveja. Cubra com água fria e leve ao fogo médio. Quando levantar fervura, abaixe o fogo, tampe parcialmente e cozinhe por cerca de 3 horas. Se começar a parecer seco, acrescente água fervente.

Ao final do cozimento, tire a panela do fogo e deixe esfriar por 20-30 minutos.

Preaqueça o forno a 200°C.

Tire o pernil da panela e coloque em uma tábua grande. Corte e descarte a pele, deixando uma camada uniforme de gordura exposta por toda a carne. Coloque o pernil em uma assadeira grande e, com uma faca afiada, faça sulcos na gordura formando uma trama de losangos, com cuidado para não cortar até a carne.

Com um batedor manual, misture o molho de pimenta doce, o *maple syrup* e a mostarda. Espalhe essa mistura sobre o pernil, cobrindo-o completamente. Leve ao forno por cerca de 30-40 minutos, até dourar bem e formar uma crosta. De tempos em tempos, regue a carne com a gordura que escorrer na assadeira.

Deixe o pernil descansar por alguns minutos antes de cortar. Sirva quente com purê de batata cremoso com mostarda. Também pode ser servido frio.

Rosbife com a guarnição clássica

Para este delicioso assado, você precisa apenas de uma carne de boa qualidade.

3 kg de contrafilé com osso
2 colheres de sopa de farinha de trigo comum
1 colher de sopa de mostarda em pó picante
75 g de gordura derretida da carne ou 4 colheres de sopa de azeite
3 cebolas cortadas em quatro
8-10 batatas cortadas em pedaços grandes e escalfadas
5-6 mandioquinhas cortadas ao meio no sentido do comprimento
sal marinho e pimenta-do-reino moída na hora

uma assadeira grande
um termômetro de cozinha

Para o molho de carne
1 colher de sopa da gordura da assadeira
1 cebola cortada em fatias finas
250 ml de um bom caldo de carne
2 colheres de sopa de amido de milho misturado com 2 colheres de chá de água fria
sal marinho e pimenta-do-reino moída na hora

Para o bolinhos de Yorkshire
275 ml de leite
2 ovos inteiros
125 g de farinha de trigo comum
½ colher de chá de sal
4-6 colheres de sopa de gordura da assadeira

uma assadeira comum ou uma assadeira para 6 ou 12 muffins/cupcakes

Para o molho de raiz-forte
1 pedaço grande de raiz-forte
1 colher de sopa de vinagre de vinho branco
250 ml de creme de leite fresco
sal marinho

Serve: 6-8 porções

Preaqueça o forno a 240°C.

Tempere a carne, misture a farinha e a mostarda e passe sobre a gordura da carne. Coloque a gordura derretida ou o azeite na assadeira, acomode as cebolas no meio e disponha a carne sobre elas, com a gordura para cima. Coloque os pedaços de batata e a mandioquinha em volta da carne e leve a assadeira ao forno. Asse por 20 minutos e então abaixe o fogo para 190°C. Regue a carne e vire os legumes na gordura; repita esse procedimento depois de 20 minutos e novamente depois de 30 minutos.

Passados mais 20 minutos, aumente a temperatura do forno para 240°C e asse por mais 10 minutos. Insira um termômetro na carne e tire-a do forno quando registrar 60°C (ou um pouco menos, se preferir bem malpassada). Transfira a carne e os legumes para uma travessa e deixe descansar em um lugar morno; a carne continuará cozinhando à medida que descansa.

Enquanto isso, prepare o molho de carne, os bolinhos de Yorkshire e o molho de raiz-forte (ver a seguir). Sirva os bolinhos de Yorkshire em volta da carne ou em uma travessa separada. Coloque a carne na mesa com o molho de raiz-forte e o molho de carne em molheiras, prontos para servir.

Para o molho de carne
Coloque a assadeira em cima do fogão, e aqueça 1 colher de sopa da gordura reservada, adicione a cebola e deixe cozinhar em fogo lento e baixo até dourar, aproximadamente 30 minutos. Cuidado para não queimar. Adicione a mistura de amido de milho reservada e, em seguida, tempere a gosto com sal e pimenta moída na hora. Deixe ferver e cozinhe por alguns minutos. Coe, se desejar.

Para os bolinhos de Yorkshire
Coloque o leite, os ovos, a farinha e o sal em uma tigela e misture bem. Aqueça a gordura numa assadeira grande ou a divida em 6 partes na assadeira para *muffin* (1 colher de sopa em cada) ou 12 (½ colher de sopa em cada). Depois que a gordura estiver bem quente, despeje a massa (tome cuidado porque vai respingar). Asse em forno preaquecido a 230°C até crescer bastante (mais ou menos 15 minutos, dependendo do tamanho da assadeira). Sirva imediatamente.

Para o molho de raiz-forte
Tire a casca da raiz-forte fresca e rale finamente 2 colheres de sopa. Coloque em uma tigela, adicione o vinagre e o sal e mexa bem. Junte o creme de leite e bata até que fique espesso e claro. Deixe à temperatura ambiente por pelo menos 2 horas, mas sirva no mesmo dia.

Abóbora assada com sálvia e cebola

Esta abóbora fica deliciosa fatiada e assada em azeite com uma cama de sálvia e cebola em rodelas. É um ótimo acompanhamento para carnes e aves assadas.

750 g de abóbora-cheirosa ou moranga
6 colheres de sopa de azeite extravirgem
2 cebolas grandes cortadas em rodelas
12 folhas frescas de sálvia
uma pitada de pimenta calabresa
1 colher de sopa de vinagre de vinho tinto ou vinagre balsâmico
sal e pimenta-do-reino moída na hora

Serve: 4 porções, como acompanhamento

Preaqueça o forno a 220°C.

Descasque a abóbora e tire as sementes. Corte em pedaços ou fatias grandes. Coloque 4 colheres de sopa de azeite em uma assadeira esmaltada ou de metal e acrescente a cebola. Tempere com sal e pimenta-do-reino e mexa bem. Espalhe a abóbora sobre a cebola e as folhas de sálvia sobre a abóbora. Regue com o azeite restante e tempere com pimenta-calabresa, sal e pimenta-do-reino. Leve ao forno por 25-30 minutos, até estar tenra e começando a dourar. Tire do forno, regue com o vinagre enquanto ainda está quente e sirva.

Couve-de-bruxelas e panceta

Este prato é fácil de preparar e uma maneira excelente de saborear essa hortaliça sazonal.

100 g de panceta ou bacon em cubos
750 g de couve-de-bruxelas sem os talos
400 ml de caldo de frango ou de legumes
25 g de manteiga sem sal
pimenta-do-reino branca moída

Serve: 6 porções, como acompanhamento

Frite a panceta em uma frigideira grande antiaderente em fogo médio por 4-5 minutos, até dourar e ficar crocante. Adicione a couve-de-bruxelas e refogue por 1 minuto.

Despeje o caldo e cozinhe por 15-20 minutos, até a couve-de-bruxelas estar tenra e o caldo, reduzido. Derreta a manteiga e tempere generosamente com pimenta; não há necessidade de sal, pois a panceta já é salgada.

Rolinho de bacon

Estes petiscos são irresistíveis e um excelente acompanhamento para um peru assado.

9 fatias de bacon, de preferência defumado

3 espetos de metal

Serve: 6 porções (considere 3 rolinhos por pessoa)

Corte as fatias ao meio na transversal, de modo a obter 18 fatias. Faça rolinhos com o bacon e espete-os nos espetos de metal – 6 por espeto.

Asse no forno preaquecido a 200°C por 5 minutos.

Torta de abóbora

Para esta receita, prepare o purê de abóbora com abóbora-cheirosa; ela dará uma cor mais vibrante ao recheio.

1 receita de massa podre básica (ver p.130)
2 xícaras de purê de abóbora (ver receita a seguir)
100 g de açúcar mascavo
3 ovos
200 ml de leite evaporado
120 ml de melaço
uma pitada generosa de sal
1¼ colher de chá de canela em pó
¼ colher de chá de noz-moscada em pó
uma pitada de pimenta-da-jamaica em pó
1 colher de chá de extrato de baunilha
2 colheres de sopa de rum ouro ou condimentado (opcional)

uma fôrma de torta esmaltada ou de metal
um cortador de massa em formato de folha (opcional)

Serve: 4-6 porções

Preaqueça o forno a 190ºC.

Em uma superfície levemente enfarinhada, abra a massa até ficar bem fina e use-a para forrar a fôrma, cortando o excesso. Faça dobras na borda da massa ou use as sobras para cortar folhas e decorar. Com um garfo, faça furos por toda a base e então forre-a com papel-manteiga ou papel-alumínio e feijão. Leve ao forno por 12-15 minutos. Tire o papel-alumínio e o feijão e leve ao forno por outros 5 minutos para secar a massa. Deixe esfriar.

Abaixe a temperatura do forno para 160ºC.

Coloque todos os ingredientes restantes em um processador e bata até ficar homogêneo. Coloque a massa da torta em uma assadeira e despeje o recheio. Leve ao forno por 1 hora, ou até firmar. Se as bordas da massa começarem a dourar muito antes de o recheio firmar, cubra-as com papel-alumínio antes de levar de volta ao forno. Tire do forno e deixe esfriar sobre uma grade aramada. Sirva quente ou em temperatura ambiente, não gelada.

Para o purê de abóbora
Corte 750 g de abóbora com casca em pedaços grandes e leve ao forno por cerca de 1 hora. Outra opção é cozinhar os pedaços de abóbora no micro-ondas em uma tigela refratária com tampa. (Cozinhar em água fervente não funciona, pois deixará a abóbora muito aguada.) Quando esfriar, raspe a polpa da casca e faça um purê no processador.

Pavlova de açúcar mascavo com creme de canela e romã

Esta receita é perfeita para uma festa no inverno. No verão, cubra o suspiro com frutas vermelhas frescas

4 claras grandes
50 g de açúcar mascavo
175 g de açúcar refinado
1 colher de chá de amido de milho
1 colher de chá de vinagre de vinho branco
300 ml de creme de leite fresco
1 colher de sopa de açúcar de confeiteiro
1½ colher de chá de canela em pó
150 g de semente de romã

assadeira forrada com papel-manteiga (sem untar, para não arruinar as claras!)

Serve: 8 porções

Preaqueça o forno a 140°C.

Bata as claras em neve. Acrescente os açúcares, uma colher de sopa por vez, batendo sempre. Junte o amido de milho e o vinagre com a última colherada de açúcar.

Coloque a mistura de suspiro na assadeira forrada, formando um círculo de aproximadamente 23 cm de diâmetro. Faça zigue-zagues no suspiro com um espeto de metal ou o cabo de uma colher. Leve ao forno por 1 hora; desligue o forno e deixe a *pavlova* dentro até esfriar – até o dia seguinte é o ideal.

Para terminar, bata o creme de leite com o açúcar de confeiteiro e a canela até o ponto de chantili. Coloque sobre a *pavlova* e espalhe as sementes de romã por cima.

Tiramisù com morango

Esta é uma adaptação da receita clássica, que recebe um toque leve de verão com a adição de morangos frescos, biscoitos crocantes de amaretto e rum

5 biscoitos de amaretto
2 ovos grandes (gema e clara separadas)
400 g de morangos, sendo 100 g bem picados e 300 g fatiados
40 g de açúcar refinado
¼ colher de chá de essência de baunilha
4 colheres de sopa de rum branco
250 g de mascarpone em temperatura ambiente
3 colheres de sopa de creme de leite fresco
100 ml de suco de maçã extraído na hora
100 g de biscoito champanhe

uma tigela de vidro, grande e funda, para sobremesa

Serve: 6 porções

Coloque os biscoitos em um saco, feche e amasse com um rolo até esfarelar bem.

Bata as gemas em uma tigela até ficarem claras e espumosas, acrescentando o açúcar aos poucos. Adicione a essência de baunilha e uma colher de sopa de rum. Despeje o mascarpone em uma tigela grande, bata com uma colher de pau para amolecer e, pouco a pouco, incorpore à mistura de gemas e bata até ficar homogêneo. Em outra tigela, bata as claras em neve. Junte os morangos picados à mistura de mascarpone e, com cuidado, incorpore as claras em neve. Bata o creme de leite até ficar em ponto de chantili e incorpore também à mistura, com um terço dos biscoitos triturados. Misture o rum restante com o suco de maçã. Embeba parte dos biscoitos champanhe na mistura de rum e suco de maçã e disponha na base da tigela. Reservando alguns morangos fatiados para a decoração, disponha uma camada de morangos sobre os biscoitos, e então cubra com uma camada de creme de mascarpone. Repita com mais camadas, terminando com o creme de mascarpone. Cubra com filme plástico e leve à geladeira por 5 horas.

Aproximadamente 1 hora antes de servir, espalhe os biscoitos restantes sobre o tiramisù e decore com os morangos reservados. Coloque de volta na geladeira até o momento de servir.

Bolo de mel e especiarias

Uma delícia natalina italiana tradicional de Siena, este bolo é repleto de mel e especiarias, frutas cristalizadas, nozes, amêndoas, avelãs e cacau. Perfeito para servir após o jantar em fatias finas com café. Compre frutas cristalizadas em pedaços grandes e pique-as – as versões já picadas usadas para bolos de Natal não funcionam aqui, já que é um bolo sofisticado! Pode ser armazenado em um recipiente hermético e conservado por um mês.

100 g de nozes partidas ao meio
100 g de amêndoa sem pele
100 g de avelã sem pele
100 g de casca de laranja cristalizada
100 g de casca de cidra cristalizada
50 g de farinha de trigo comum
4 colheres de sopa de cacau em pó
½ colher de chá de cominho em pó ou semente de erva-doce
1 colher de chá de pimenta-do-reino moída na hora
½ colher de chá de noz-moscada em pó
¼ colher de chá de cravo-da-índia em pó
1 colher de chá de canela em pó
100 g de açúcar
225 g de mel claro
25 g de sopa de manteiga sem sal
3 colheres de sopa de açúcar de confeiteiro peneirado com noz-moscada, canela, pimenta-do-reino e cravo-da-índia em pó (¼ colher de chá de cada) para polvilhar
papel de arroz
óleo vegetal para untar

uma fôrma com fundo removível de 20 cm de diâmetro, levemente untada com manteiga

Rende: 1 bolo

Forre a base e as laterais da fôrma com papel de arroz.

Preaqueça o forno a 180°C.

Espalhe as nozes, amêndoas e avelãs em uma assadeira e leve ao forno por 10-15 minutos, até dourar. Deixe esfriar um pouco, pique grosseiramente e transfira para uma tigela média. Abaixe o forno para 150°C.

Pique a casca de laranja e de cidra e junte à tigela. Peneire a farinha, o cacau e as especiarias.

Coloque o açúcar, o mel e a manteiga em uma panela e leve ao fogo baixo, mexendo de vez em quando até dissolver. Ferva a calda até a temperatura de 117-120°C (utilize um termômetro de cozinha). Acrescente rapidamente a mistura de frutas secas e despeje na fôrma preparada. Nivele a superfície com uma espátula untada com óleo. Trabalhe rapidamente, antes de a mistura endurecer. Leve ao forno por 35 minutos. Nessa etapa, o bolo não vai dourar nem firmar. Tire do forno e deixe a fôrma sobre uma grade aramada para esfriar. O bolo firmará ao esfriar.

Quando estiver frio, tire da fôrma e corte o excesso de papel de arroz. Polvilhe o açúcar de confeiteiro com especiarias. Sirva fatias finas com um café quentinho.

Tortinha de frutas secas

Estas tortinhas de frutas secas têm um círculo de massa na base e, na cobertura, recebem uma espécie de confeito amanteigado cheio de sabor.

1 receita de massa podre básica (ver p. 130)
225 g de manteiga em temperatura ambiente
50 g de açúcar de confeiteiro peneirado
1 colher de chá de essência de baunilha
225 g de farinha de trigo comum
250-300 g de compota de frutas secas

um cortador de massa canelado de 7,5 cm de diâmetro
uma assadeira para 12 muffins
saco de confeiteiro com bico em forma de estrela

Rende: 12 unidades

Em uma superfície levemente enfarinhada, abra a massa até ficar bem fina e corte 12 círculos. Pressione os círculos nas forminhas. Fure as bases e leve à geladeira ou ao freezer por 15 minutos.

Prepare a cobertura. Em uma tigela grande, bata a manteiga com o açúcar e a baunilha até formar um creme claro, leve e homogêneo. Aos poucos, incorpore a farinha, uma colherada por vez, batendo bem entre cada adição. Coloque no saco de confeiteiro (mantenha em temperatura ambiente para uma consistência adequada). Recheie as tortinhas com a compota de frutas secas e então faça um redemoinho de massa sobre cada uma delas. Leve à geladeira por 30 minutos.

Preaqueça o forno a 180ºC.

Asse as tortinhas por cerca de 20 minutos, até começarem a dourar. Deixe esfriar na assadeira e então transfira para uma grade aramada e polvilhe açúcar de confeiteiro. Sirva quente ou em temperatura ambiente.

Biscoito glaceado

Estes biscoitos saborosos são simples de preparar e ideais para decorar. Escolha seu cortador favorito e, quando estiverem assados, divirta-se cobrindo de açúcar e decorando.

150 g de manteiga em temperatura ambiente
100 g de açúcar
raspas finas e suco de 1 limão-siciliano espremido na hora
75 g de *cream cheese*
300 g de farinha de trigo comum
uma pitada generosa de sal
½ colher de chá de canela em pó
½ colher de chá de noz-moscada em pó
uma pitada de pimenta-da-jamaica em pó

Para decorar

Cobertura de glacê (ver preparo) ou caneta para confeitar e bolinhas prateadas comestíveis

um cortador em forma de estrela
várias assadeiras

Rende: 24 unidades

Bata a manteiga com o açúcar e as raspas de limão. Junte 2 colheres de chá de suco de limão e todo o *cream cheese*. Peneire a farinha, o sal, a canela, a noz-moscada e a pimenta-da-jamaica e misture. Quando estiver bem incorporado, tire a massa da tigela, faça uma bola e cubra com filme plástico. Leve à geladeira por cerca de 30 minutos, até firmar.

Preaqueça o forno a 180ºC.

Tire a massa da geladeira e abra sobre uma superfície levemente enfarinhada até ficar com 5 mm de espessura. Use o cortador para cortar os biscoitos. Junte as sobras, abra a massa novamente e corte mais biscoitos. Acomode-os nas assadeiras, deixando espaço entre eles. Leve ao forno por 12-15 minutos, até começarem a dourar; transfira para uma grade aramada até esfriarem completamente. Decore com cobertura de glacê (ver a seguir) ou use uma caneta para confeitar. Conserve em um recipiente hermético e consuma em 5 dias.

A cobertura de glacê é feita com açúcar de confeiteiro e água e, se desejar, um pouco de corante alimentício. Ficará firme, mas não tão duro quanto o glacê real. Peneire 100 g de açúcar em uma tigela. Acrescente água ou suco de limão, uma colher de chá por vez, para fazer um glacê espesso que possa ser usado para confeitar. Se quiser uma cobertura mais macia, acrescente um pouco mais de água para obter uma consistência que possa ser espalhada facilmente com as costas de uma colher.

Trufa natalina

Esta receita é ótima para o Natal, já que as trufas podem ter um acabamento simples de cacau em pó ou com pasta de açúcar. Também é uma boa ideia acrescentar um pouco de conhaque ou rum à mistura para enriquecer o sabor.

200 g de chocolate amargo ou meio amargo picado grosseiramente
125 g de migalhas de pão de ló de chocolate
60 g de farinha de amêndoa
cacau em pó para polvilhar

*forminhas de alumínio para docinhos ou mini-*muffins

Rende: 8-10 unidades

Derreta o chocolate em banho-maria.

Tire o chocolate do fogo, junte as migalhas de pão de ló de chocolate e a farinha de amêndoa e misture bem. Cubra a tigela e leve à geladeira por cerca de 30 minutos, até esfriar. A mistura pode ser mantida na geladeira, bem coberta, por 3 dias.

Use uma colher de chá de massa para cada trufa. Faça bolinhas uniformes com as mãos, passe pelo cacau e chacoalhe para eliminar o excesso. Coloque cada trufa em uma forminha. Leve à geladeira até firmar; embale em caixas ou guarde em um recipiente hermético. Mantenha em um lugar frio ou na geladeira e consuma em até 1 semana.

Fudge de chocolate com creme

Uma receita rápida e fácil com um sabor delicioso: todo mundo ama fudge. *Oferecer estes quadradinhos cheios de sabor colocará um sorriso no rosto de qualquer um!*

100 g de chocolate amargo ou meio amargo picado grosseiramente
4 colheres de sopa de manteiga sem sal cortada em cubos
2 colheres de sopa de creme de leite fresco
1 colher de chá de essência de baunilha ou rum escuro
1 colher de sopa de melaço
225 g de açúcar de confeiteiro peneirado

uma assadeira quadrada e rasa de 18 cm, untada

Rende: cerca de 20 unidades

Derreta o chocolate e a manteiga em banho-maria.

Tire o chocolate do fogo e misture o creme com cuidado. Acrescente a essência de baunilha e o melaço.

Primeiramente, com uma colher de pau, e depois com as mãos, incorpore o açúcar, uma colherada por vez, para fazer um *fudge* espesso e homogêneo. Se a mistura começar a endurecer antes que todo o açúcar tenha sido incorporado, coloque de volta na tigela e aqueça por mais ou menos 1 minuto.

Transfira a mistura para a assadeira já untada e pressione alisando a superfície. Leve à geladeira até firmar; desenforme e corte em quadrados com uma faca grande e afiada. Conserve na geladeira e consuma em até 10 dias.

Drinques

Peach Blossom Spring

Esta é uma pequena variação do clássico Bellini, incrementado com vodca e licor de pêssego. Perfeito para servir em uma noite de verão ou antes de um jantar.

25 ml de vodca
25 ml de polpa de pêssego
10 ml de *crème de pêche* (licor de pêssego)
prosecco gelado, para completar
2 gotas de bitter de pêssego
uma fatia de pêssego para decorar

Rende: 1 taça

Coloque a vodca, a polpa de pêssego e o *crème de pêche* em uma coqueteleira cheia de gelo e chacoalhe para misturar.

Coe em uma taça de champanhe e complete com o prosecco. Acrescente duas gotas de *bitter* de pêssego e sirva decorado com o pêssego fresco.

Kir Royale

Um coquetel clássico, o Kir Royale é considerado o auge da sofisticação. Um drinque excelente para servir em festas ou como aperitivo.

1 gota de creme de cassis
champanhe gelado para completar

Rende: 1 taça

Coloque uma gotinha de creme de cassis em uma taça de champanhe e complete com champanhe. Mexa delicadamente e sirva.

Coquetel de champanhe

Este coquetel tem resistido ao tempo e é ainda hoje tão popular quanto nos anos 1940, quando era apreciado pelas estrelas da telona. É um drinque simples e delicioso que simboliza a elegância e a sofisticação daquela época. Perfeito para uma ocasião especial.

1 cubo de açúcar
2 gotas de *bitter* Angostura
25 ml de conhaque
champanhe seco gelado para completar

Rende: 1 taça

Coloque o cubo de açúcar em uma taça de champanhe e umedeça com as gotas de *bitter* Angostura. Acrescente o conhaque, mexa e, devagar, complete com o champanhe. Sirva.

Ponche de romã

A Babicka é uma vodca tcheca e que combina bem com a romã.

500 ml de vodca Babicka ou outra vodca
750 ml de suco de romã
500 ml de suco de *grapefruit* (toranja)
250 ml de suco de limão
150 ml de xarope de açúcar
500 ml de água com gás para servir
casca de *grapefruit* e ramos de hortelã para decorar

Rende: 10 copos

Coloque a vodca, os sucos de romã, *grapefruit* e de limão e o xarope de açúcar em uma tigela grande para ponche ou em uma jarra cheia de gelo. Complete com a água com gás e mexa com cuidado para misturar.

Sirva em copos highball com gelo, decorados com espirais de casca de *grapefruit* e ramos de hortelã.

Air Mail

Misture bem o mel com os outros ingredientes antes de colocar o gelo, ou ele ficará rígido dentro da coqueteleira e não se dissolverá.

25 ml de rum ouro de Porto Rico
12,5 ml de suco de limão fresco
5 ml de mel líquido
champanhe, para completar

Rende: 1 taça

Coloque o rum, o suco de limão e o mel em uma coqueteleira e chacoalhe até o mel se dissolver. Acrescente gelo e chacoalhe para misturar.

Coe em uma taça de champanhe, complete com champanhe e sirva.

Ponche Paloma

Embora possa parecer trabalhoso, use suco de grapefruit *espremido na hora para que este coquetel tenha o frescor perfeito para o verão.*

500 ml de tequila *reposado*
100 ml de xarope de agave
1,5 litro de suco de *grapefruit* (toranja) fresco (15 toranjas)
60 ml de suco de limão fresco (2 limões)
250 ml de água com gás
sal, para os copos

Rende: 10 copos

Coloque a tequila, o xarope de agave e o suco de *grapefruit* em uma jarra grande cheia de gelo. Esprema os limões na jarra e despeje também as cascas, reservando uma para preparar os copos. Complete com a água com gás e mexa delicadamente para misturar.

Coloque um pouco de sal em um prato. Esfregue a borda com a casca espremida do limão. Vire cada copo com a boca para baixo sobre o prato de sal para cobrir a borda.

Encha os copos com gelo, complete com ponche e sirva. (Ver imagem na p. 194, no canto superior esquerdo.)

Caipiroska de frutas vermelhas

Essas frutas não só dão a este coquetel refrescante um gosto doce e frutado, como também o tornam um drinque encantador para servir antes de um almoço ao ar livre.

50 ml de vodca
4 gomos de limão
2 cubos de açúcar
3 frutas vermelhas frescas (morango, framboesa e mirtilo são boas opções)

Rende: 1 copo

Amasse todos os ingredientes em um copo de uísque com um socador de madeira. Complete com gelo triturado e mexa delicadamente para misturar.

Sirva decorado com algumas frutas vermelhas frescas espetadas em um palito de coquetel. (Ver imagem na página ao lado, no canto superior direito.)

Kingston Cooler

Faça o possível para encontrar horchata, um xarope de cevada aromatizado com amêndoa que confere um sabor inigualável a este coquetel.

500 ml de rum escuro jamaicano
100 ml de rum claro jamaicano
250 ml de suco de limão fresco (aproximadamente 8 limões)
100 ml de horchata
500 ml de suco de maracujá
500 ml de suco de abacaxi
frutas e ramos de hortelã, para decorar

Rende: 10 copos

Coloque todos os ingredientes em uma tigela para ponche ou jarra grande cheia de gelo e mexa com cuidado para misturar.

Sirva em copos com gelo, decorados com frutas da estação e ramos de hortelã. (Ver imagem na página ao lado, no canto inferior esquerdo.)

Garrick Gin Punch

Se você gosta da secura de um bom gim londrino, este coquetel é perfeito.

50 ml de gim seco londrino
25 ml de suco de limão-siciliano fresco
12,5 ml de licor marasquino
1 gota de xarope de açúcar
2 gotas de *bitter* Angostura
casca de limão-siciliano, para decorar

Rende: 1 copo

Coloque todos os ingredientes em uma coqueteleira cheia de gelo e chacoalhe até o lado de fora da coqueteleira começar a congelar.

Coe em uma taça de margarita gelada e sirva decorado com um pedaço fino de casca de limão. (Ver imagem na página ao lado, no canto inferior direito.)

Sherry Cobbler

Este ponche de xerez foi um dos grandes coquetéis do século XIX. Encantadoramente espumoso, pede um punhado de frutas vermelhas frescas ou casca de limão para decorar.

500 ml de xerez Amontillado
100 ml de suco de limão-siciliano fresco
100 ml de suco de laranja fresco
100 ml de xarope de açúcar
150 ml de polpa de abacaxi
casca de limão e de laranja para decorar

Rende: 10 copos

Coloque todos os ingredientes em uma tigela para ponche cheia de gelo e mexa com cuidado para misturar.

Sirva em copos ou taças com gelo triturado e decore com pedaços de casca de limão ou de laranja.

Hot Buttered Rum

O rum pode ser o ingrediente perfeito para um coquetel de verão caribenho, mas também se presta alegremente para as noites de inverno, combinando sua doçura com especiarias e açúcar mascavo. Para um sabor mais complexo, experimente acrescentar canela ou baunilha.

3 colheres de chá de açúcar mascavo
50 ml de rum escuro
½ colher de chá de pimenta-da-jamaica
1 colher de chá de manteiga
água quente, para completar
um pedaço de casca de laranja espetada com cravos-da-índia para decorar

Rende: 1 copo

Aqueça um copo refratário e coloque o açúcar e um pouco de água quente. Mexa até dissolver o açúcar e acrescente o rum, a pimenta-da-jamaica e a manteiga. Complete com água quente e mexa até a manteiga derreter.

Decore com um pedaço de casca de laranja espetada com cravos-da-índia e sirva.

Baltimore Eggnog

Em essência, o eggnog é uma gemada – mistura de creme (ou leite), açúcar e ovo batido –, que pode levar álcool. E a pitada de noz-moscada dá um toque especial.

25 ml de vinho Madeira
12,5 ml de conhaque
12,5 ml de rum jamaicano
uma pitada de canela em pó
1 colher de sopa de açúcar de confeiteiro
1 ovo
25 ml de creme de leite fresco
noz-moscada ralada para servir

Rende: 1 copo

Junte todos os ingredientes em uma coqueteleira e chacoalhe vigorosamente por 15 segundos.

Despeje em um copo e rale um pouco de noz-moscada por cima, para servir. (Ver pagina ao lado.)

Vinho quente

Tradicionalmente feito com vinho tinto, açúcar e especiarias, este drinque é sempre servido quente. Tente não ferver ao aquecê-lo, pois pode prejudicar o sabor.

2 garrafas de vinho tinto (de 750 ml cada)
100 ml de conhaque
casca e suco de 2 tangerinas
casca de um limão
casca de um limão-siciliano
1 xícara de açúcar de confeiteiro
1 pau de canela
4 cravos-da-índia
quatro pitadas de noz-moscada ralada
1 fava de baunilha cortada ao meio
casca de limão e paus de canela para decorar

Rende: 10 copos

Junte todos os ingredientes em uma panela grande e cozinhe em fogo médio por cerca de 30 minutos, mexendo de vez em quando. Coe para remover as cascas e as especiarias e coloque de volta na panela para manter aquecido em fogo baixo. Sirva em copos refratários decorados com uma tira de casca de limão e um pau de canela.

Café da manhã na cama

Ovos Benedict (p. 25)

Muffin de mel e damasco (p. 21)

Pão branco simples (p. 145) torrado, servido com geleia à sua escolha

Para beber

Suco de framboesa, morango e laranja (p. 17)

Chá preto preparado na hora

Amigos para o brunch

Granola de castanha, amêndoa e mel (p. 18)

Quiche inglesa para o café da manhã (p. 29)

Feijão assado com maple syrup e páprica (p. 30)

Hash brown (p. 30)

Panqueca de mirtilo (p. 22)

Granita de café (p. 134)

Para beber

Lassi de banana, mel e gérmen de trigo (p. 17)

Café moído coado na hora

Almoço italiano ao ar livre

Folhado de panceta e erva-doce (p. 47)

Minipizza toscana (p. 72)

Salada de risoni, muçarela e manjericão (p. 58)

Fava verde com pecorino e prosciutto (p. 53)

Alcachofra com erva-doce (p. 58)

Suflê gelado de limão (p. 125)
OU
Tiramisù com morango (p. 181)

Para beber

Peach Blossom Spring (p. 191)

Piquenique no jardim

Salada de joelho de porco, leguminosas frescas e hortelã com molho cremoso de mostarda (p. 61)

Tortinha de macarrão, parmesão e tomate-cereja (p. 95)

Fritada de salmão e aspargo (p. 71)

Sanduíche nova-iorquino de pastrami (p. 76)

Pãozinho (p. 146)

Quadrados de streusel e marzipã de cereja (p. 153)

Cookie com gotas de chocolate (p. 157)

Para beber

Kingston Cooler (p. 195)

Jantar de bistrô francês

Rillette de salmão com torrada Melba (p. 44)

Coq au vin (p. 107)
OU
Gratinado de berinjela e tomate (p. 116)

Pudim de pão com croissant e maçã (p. 126)

Para beber

Kir Royale (p. 191)

Jantar descontraído

Sopa cremosa de pão e tomate com azeite de manjericão (p. 36)

Chile texano tradicional (p. 108) com pão de milho (p. 146)
OU
Tortinha folhada de frango (p. 96)

Arroz-doce com baunilha (p. 126)
OU
Torta de maçã com caramelo (p. 130)

Para beber

Cerveja gelada

Cerveja de beterraba

Bufê ao estilo oriente médio

Molho de pimentão vermelho assado e nozes (p. 40)

Charuto de folha de uva com lentilha verde, uva-passa e ervas (p. 43)

Salada grega com feijão-manteiga (p. 53)

Salada de cenoura, grapefruit *e nozes (p. 65)*

Salada de feijão, pimentão e halloumi (p. 54)

Patê de arenque defumado e limão (p. 39)

Tagine de kafta de cordeiro (p. 100)
OU
Cordeiro recheado com feta e hortelã (p. 107)

Pão de azeitona e ervas (p. 149)

Pavlova de açúcar mascavo com creme de canela e romã (p. 181)
OU
Bolo de laranja marroquino (p. 162)

Fatias de laranja descascada com canela em pó e pistache picado

Para beber

Ponche de romã (p. 192)

Chá de hortelã

Mesa de superalimentos

Chip de couve condimentado com massala (p. 43)

Sopa cremosa de feijão cannellini, alho-poró e azedinha (p. 35)

Salada de lentilha e alcachofra com molho verde (p. 54)

Quinoa com fava, ervilha e aspargo (p. 57)

Moussaka de lentilha e legumes (p. 116)

Crumble de maçã, aveia e uva-passa (p. 129)

Para beber

Smoothie de manga e castanha-de-caju (p. 17)

Jantar romântico para dois

Blini com salmão defumado e creme azedo (p. 48)

Escalope de peru (p. 75)
OU
Linguado com erva-doce, azeitona e tomate (p. 83)

Crème brûlée (p. 122)

Queijo para dois (p. 137)

Para beber

Kir Royale (p. 191)

Comida de praia

Camarão na sangria (p. 80)

Lula doré com pimenta (p. 44)

Sardinha com Campari, pêssego e erva-doce (p. 79)
OU
Mexilhão, erva-doce e grão-de-bico em vinho rosé (p. 80)

Torta de limão americana (p. 133)

Para beber

Air Mail (p. 192)

Ceia quente de inverno

Sopa de feijão-branco e linguiça defumada (p. 35)

Macarrão de forno com queijo e trufa (p. 99)
OU
Macarrão com pecorino, pimenta-do-reino e bochecha de porco (p. 71)

Torta de maçã com caramelo (p. 130)

Para beber

Hot Buttered Rum (p. 196)
OU
Vinho quente (p. 199)

Banquete asiático

Torrada de camarão com gergelim (p. 47)

Salmão com purê de wasabi e acelga (p. 87)
OU
Lombo à moda tailandesa (p. 87)

Smoothie de manga e castanha-de-caju (p. 17)

Para beber

Garrick Gin Punch (p. 195)

Chá da tarde de aniversário

Ponche Paloma (p. 192)

Uma seleção de sanduíches caseiros

Folhado de panceta e erva-doce (p. 47)

Friand de limão e mirtilo (p. 157)

Bolinho de maracujá (p. 158)

Blondie de café (p. 154)

Bolo veludo vermelho (p. 165)
OU
Pão de ló vitoriano com recheio de morango e hortelã (p. 161)

Para beber

Caipiroska de frutas vermelhas (p. 195)

Festas e comemorações

Coquetel de champanhe (p. 191)

Blini com salmão defumado e creme azedo (p. 48)
OU
Brochette de salmão defumado (p. 48)

Terrine de porco e fígado de frango com pistache (p. 39)

Tábua de queijos de inverno à sua escolha (p. 141)

Peru ao forno com recheio de limão e ervas (p. 169)

com acompanhamentos para o peru (p. 170)
OU
Rosbife com a guarnição clássica (p. 174)

Batata assada (p. 66)

Couve-de-bruxelas e panceta (p. 177)

Mesa de sobremesas

Torta de abóbora (p. 178)

Pavlova de açúcar mascavo com creme de canela e romã (p. 181)

Tortinha de frutas secas (p. 185)

Biscoito glaceado (p. 185)

Trufa natalina (p. 186)

Baltimore Eggnog (p. 199)

Tabela de tempos de cozimento para o peru

Considere 350 g de peru assado por pessoa ou 500 g sem os miúdos por pessoa.
A temperatura interna final medida com um termômetro de leitura instantânea deve ser 82°C.

Peso com os miúdos	Tempo aproximado de degelo na geladeira	Tempo no forno em temperatura alta (220°C), em minutos	Tempo no forno em temperatura baixa (170°C), em minutos	Tempo no forno em temperatura de finalização (220°C), em minutos	Tempo total no forno, em minutos	Tempo de descanso, em minutos
4 kg	65 horas	20	140	30	190	30
5 kg	70 horas	25	165	30	220	30
6 kg	75 horas	35	200	30	265	40
7 kg	75 horas	40	230	30	300	40
8 kg	80 horas	45	230	35	310	50
9 kg	80 horas	50	245	35	330	60
10 kg	80 horas	50	265	35	350	60

Índice remissivo

Créditos das receitas

Ross Dobson
Charuto de folha de uva com lentilha verde, uva-passa e ervas
Sopa de feijão-branco e linguiça defumada
Sopa cremosa de feijão cannellini, alho-poró e azedinha
Salada grega com feijão-manteiga
Salada de feijão, pimentão e halloumi
Salada de lentilha e alcachofra com molho verde
Barriga de porco soja e missô
Ragu de fava e porco com tagliatelle
Curry de grão-de-bico e espinafre
Risoto simples de tomate e manjericão
Arroz-doce com baunilha
Crumble de maçã, aveia e uva-passa
Tomate assado com queijo de cabra e torrada de alho
Torrada de camarão com gergelim
Rillette de salmão com torrada Melba
Lula doré com pimenta
Molho de pimentão vermelho assado e nozes
Terrine de porco e fígado de frango com pistache
Coq au vin
Tagine de kafta de cordeiro

Maxine Clark
Tortinha folhada de frango
Sopa cremosa de pão e tomate com azeite de manjericão
Torta de maçã com caramelo
Filé-mignon en croûte
Fava verde com pecorino e prosciutto
Torta de peixe magnífica
Bolo de mel e especiarias
Torta de limão americana
Minipizza toscana
Tortinha de frutas secas
Folhado de panceta e erva-doce
Tortinha de macarrão, parmesão e tomate-cereja
Pêssego e framboesa em espumante
Torta de abóbora
Abóbora assada com sálvia e cebola
Lombo de porco assado

Tonia George
Feijão assado com maple syrup e páprica
Tomate assado com queijo de cabra e ervas
Lassi de banana, mel e gérmen de trigo
Bircher muesli
Blini com salmão defumado e creme azedo
Panqueca de mirtilo
Smoothie de manga e castanha-de-caju
Panqueca de coco com manga e calda de limão
Ovos Benedict
Quiche inglesa para o café da manhã
Hash brown
Ovos rancheiros
Granola de castanha, amêndoa e mel
Suco de framboesa, morango e laranja
Sanduíche de bife com ovo frito

Jordan Bourke
Gratinado de berinjela e tomate
Berinjela, lentilha e tomate seco com azeite de hortelã
Salada de feijão cannellini, abacate e hortelã
Aspargo grelhado
Frango e linguiça defumada com purê de abóbora e romesco
Alcachofra com erva-doce
Salada de cenoura, grapefruit e nozes
Linguado com erva-doce, azeitona e tomate
Frango assado com harissa e legumes condimentados
Bolo de laranja marroquino
Quinoa com fava, ervilha e aspargo
Salmão com purê de wasabi e acelga

Ben Reed
Air Mail
Baltimore Eggnog
Caipiroska de frutas vermelhas
Coquetel de champanhe
Garrick Gin Punch
Hot Buttered Rum
Kingston Cooler
Kir Royale
Vinho quente
Ponche Paloma
Peach Blossom Spring
Ponche de romã
Sherry Cobbler

Tori Finch
Fritada de salmão e aspargo
Salada de risoni, muçarela e manjericão
Salada de joelho de porco, leguminosas frescas e hortelã com molho cremoso de mostarda
Cordeiro recheado com feta e hortelã
Salada de vagem francesa com trufa
Sanduíche nova-iorquino de pastrami

Tork Haschka
Mexilhão, erva-doce e grão-de-bico em vinho rosé
Macarrão com pecorino, pimenta-do-reino e bochecha de porco
Camarão na sangria
Sardinha com Campari, pêssego e erva-doce
Costelinha de porco em fogo lento
Escalope de peru

Sonia Stevenson
Rolinho de bacon
Rosbife com a guarnição clássica
Batata assada
Peru ao forno com recheio de limão e ervas
Vegetais assados
Acompanhamentos para o peru

Sarah Randell
Friand de limão e mirtilo
Pavlova de açúcar mascavo com creme de canela e romã
Quadrados de streusel e marzipã de cereja
Pão de ló vitoriano com recheio de morango e hortelã

Emmanuel Hadjiandreou
Pãozinho
Pão de milho
Pão de azeitona e ervas
Pão branco simples

Susannah Blake
Blondie de café
Granita de café
Bolinho de maracujá
Cupcake de água de rosas

Linda Collister
Fudge de chocolate com creme
Trufa natalina
Biscoito glaceado

Nadia Arumugam
Chow mein de carne
Frango com molho de feijão-amarelo e pimentões coloridos
Lombo à moda tailandesa

Will Torrent
Pudim de pão com croissant e maçã
Suflê gelado de limão
Crème brûlée

Fiona Beckett
Queijo para dois
Pratos de queijos da estação
Tiramisù com morango

Dan May
Pernil glaceado
Chile texano tradicional

Laura Washburn
Macarrão de forno com salmão, manjericão e parmesão
Macarrão de forno com queijo e trufa

Chloe Coker e Jane Montgomery
Muffin de mel e damasco
Moussaka de lentilha e legumes

Jenna Zoe
Cookie de coco com gotas de chocolate
Chip de couve condimentado com massala

Hanna Miles
Cheesecake de chocolate com marshmallow

Annie Rigg
Biscoito de gengibre
Bolo veludo vermelho

Elsa Petersen-Schepelern
Brochette de salmão defumado
Couve-de-bruxelas e panceta

Fiona Smith
Patê de arenque defumado e limão

Sunil Vijayakar
Rogan Josh (cordeiro no iogurte)

Dunja Gulin
Cookie com gotas de chocolate

Créditos das imagens

Ali Allen
Página 6

Martin Brigdale
Páginas 13 (esquerda), 36 (centro), 120, 135, 154 (direita), 159, 168, 175

Peter Cassidy
Páginas 10 (direita), 34, 36 (esquerda), 37, 42, 52, 55, 73, 83, 90, 109, 113, 128, 137 (esquerda), 172, 176, 183

Nicki Downey
Página 67

Laura Edwards
Página 155

Tara Fischer
Páginas 61 (esquerda), 79 (direita), 161 (direita), 162 (esquerda)

Georgia Glynn-Smith
Páginas 60, 61 (direita)

Jonathan Gregson
Páginas 4, 14, 16, 19, 21, 23, 24, 27, 28, 31, 32, 49, 123, 127, 142, 162 (centro)

Richard Jung
Páginas 1, 84 (direita), 85, 88, 89, 133, 136, 137 (direita), 139, 140

Sandra Lane
Página 199 (esquerda)

William Lingwood
Páginas 188-198, 199 (direita)

Paul Massey
Página 166

Diana Miller
Página 26 (esquerda)

Steve Painter
Páginas 7 (direita), 9 (©Steve Painter), 10 (esquerda e centro), 13 (direita), 94, 97, 98, 102, 114, 115, 118, 124, 131, 132, 144, 147, 148, 153 (esquerda), 179, 184

William Reavell
Páginas 8, 20, 26 (centro), 129 (esquerda), 153 (direita), 187

Debi Treloar
Páginas 11, 26 (direita), 36 (direita), 50, 84 (esquerda), 92, 103, 108, 121 (esquerda)

Jo Tyler
Página 171

Kate Whitaker
Páginas 2-3, 7 (esquerda), 38, 41, 45, 46, 56, 59, 3, 64, 68, 82, 86, 101, 105, 106, 110, 117, 121 (direita), 129 (direita), 152, 154 (esquerda), 156, 160, 161 (esquerda), 162 (direita), 163, 164, 180

Isobel Wield
Páginas 7 (centro), 70, 74, 77, 78, 79 (esquerda), 81

Clare Winfield
Página 151